· 2023年度湖南省 社会科学成果评审委员会课题

（项目编号：XSP2023JYC091）

文化视域下体育公共服务与民族传统体育的互动发展研究

A Study on the Interactive Development of Sports Public Services and Ethnic Traditional Sports from a Cultural Perspective

李湘婴 / 著

中国经济出版社
CHINA ECONOMIC PUBLISHING HOUSE
北 京

图书在版编目（CIP）数据

文化视域下体育公共服务与民族传统体育的互动发展研究／李湘婴著．--北京：中国经济出版社，2023.9

ISBN 978－7－5136－7464－5

Ⅰ．①文…　Ⅱ．①李…　Ⅲ．①群众体育－公共服务－研究－中国②民族形式体育－研究－中国　Ⅳ．①G812.4②G852.9

中国国家版本馆 CIP 数据核字（2023）第 178862 号

责任编辑　孙晓霞
责任印制　马小宾
封面设计　华子图文

出版发行　中国经济出版社
印 刷 者　北京建宏印刷有限公司
经 销 者　各地新华书店
开　　本　710mm×1000mm　1/16
印　　张　13
字　　数　210 千字
版　　次　2023 年 9 月第 1 版
印　　次　2023 年 9 月第 1 次
定　　价　68.00 元
广告经营许可证　京西工商广字第 8179 号

中国经济出版社　**网址** www.economyph.com　**社址** 北京市东城区安定门外大街 58 号　**邮编** 100011
本版图书如存在印装质量问题，请与本社销售中心联系调换（联系电话：010－57512564）

前言
PREFACE

党的十九大报告在新时代文化建设的基本方略中指出："要深入挖掘中华优秀传统文化蕴含的思想观念、人文精神、道德规范，结合时代要求继承创新，力求使中华文化展现出永久魅力和时代风采。"在中华民族伟大复兴的道路上，尤其需要具有本民族特色的民族传统体育文化的聚集和发展。因此，利用民族传统体育的丰富资源，构建更加贴近我国大众生活实际的体育公共服务体系，以适应人们不断增长的公共服务多元需求，显得尤为迫切。目前，将民族传统体育纳入体育公共服务视野，对我国民族传统体育在"中国道路"上重新找回文化自信具有当代价值和意义。同时，既丰富了我国体育公共产品供给的内容，又有助于构建有中国特色的体育公共服务体系，使民族传统体育助力"健康中国""文化强国""体育强国"的建设，赋予了民族传统体育新的时代内涵。

首先，本书对文化视域下体育公共服务发展概况进行概述，使读者对体育公共服务有一个较为宽泛的了解；其次，对文化视域下我国民族传统体育的发展现状和趋势进行了深入分析与探讨；再次，对体育公共服务与民族传统体育互动发展展开了深入探讨，介绍了文化视域下体育公共服务与民族传统体育互动发展的关系、作用及影响；最后，重点对文化视域下体育公共服务与民族传统体育互动发展的优化策略进行了分析和研究。

本书的编写吸收、借鉴了国内外许多专家、学者的最新研究成果和出版文献，在此一并表示感谢。另外，由于编写人员水平有限，不妥之处在所难免，敬请读者批评指正。

作者

2023 年 5 月

目录
CONTENTS

第一章　文化视域下体育公共服务发展概况

第一节　文化视域下体育公共服务的概念、发展理念、目标及发展趋势

一、文化视域下体育公共服务有关概念界定

（一）公共服务的概念

1912年，法国学者莱昂·狄骥率先提出了“公共服务”这一术语，并由此引发公众对这一概念的强烈关注。不过，公共服务这一概念在我国出现的时间相对较晚。作为政府基本职能之一，公共服务早在该概念被提出之前就已经以实践的方式存在了。伴随我国政府职能的逐步强化，建立切合社会主义市场经济需求，助推社会经济和谐发展的公共服务制度和完善的公共服务体系，为全体人民提供优质的公共服务，已经成为我国政府在经济改革和社会发展进程中的明确责任与重要任务。

现如今，“公共服务”这个词已经被大量应用，并引发社会各方对公共服务乃至有关理论方面的关注与探究。不过，学术界对其确切含义仍存在争议。概念的不明确通常会导致政策操作上的混乱。在这样的基础上，对公共服务的含义及其内涵与外延进行界定，对建立社会主义市场经济体系有着十分重大的理论与现实意义。以下是多位学者从不同角度出发，对公共服务的概念做出的阐释与解读。

1. 从政府供给的角度定义

从古典政治经济学之父威廉·配第、自由放任主义者亚当·斯密、庸俗资产阶级政治经济学创始人萨伊与福利经济学代表庇古到宏观经济学代表凯恩斯，尽管他们的经济理论各自具备不同特点，但是他们的观点里有一个相同的看法，那就是主张政府对经济活动进行干预，并要求政府通过扩大财政开支来提供公共服务。

根据这一理论，美国学者萨拉蒙对公共服务的概念界定如下：政府运用公共力量和公共资源，为公民（包括被监护的未成年儿童）提供各类服务。这些公共服务不但包含科技、文化、教育、医疗等无形的产品，还包含基础设施、公路、交通等有形的产品。①

我国学者也从政府提供公共服务的角度出发，给出了公共服务的定义，具体如下。

公共服务是指政府通过掌握公共资源，让社会公众公平享有的、以满足公众生存需求为目的的一种基本服务。详细地说，就是政府应当向公民提供最基本的教育、医疗、社会福利、水、电、气、交通、通信等公共设施服务。

公共服务是指政府向公众提供的一类商品与服务，以满足公众的需求。它是社会商品之一，是由政府机构主导的公共部门所提供，为全体公民共同消费与享有的社会商品。

公共服务指的是政府向公众提供公共产品与公共服务的过程，具体内容包括但不限于对城乡设施建设进行优化，对社会就业进行推动，对社会保障进行改善，对教育、科技、文化、医疗、体育等公共事业进行推进，以及发布公共信息等。公共服务是为了提升公众的生活水平，为公众创造参与社会经济、政治和文化活动的环境。

---

① 萨拉蒙．公共服务中的伙伴 现代福利国家中政府与非营利组织的关系［M］．北京：商务印书馆，2008.

2. 从公共需求的角度定义

政府应该以公众的根本需求为出发点，提供有关的公共服务。在定义公共服务时，其本质在于满足公共需求，而满足公共需求的方式与责任人则是次要问题。对此，有学者以公众需求为基础，主张政府应当优先考虑公众的根本利益。这些观点如下。

公共服务是政府为了满足社会公众的公共需求而提供的产品与服务的统称。

公共服务是指政府公共部门或者私营组织为了满足公众需求而提供的商品与服务。

公共服务是指为了满足社会公众的公共需求而提供公共产品的过程。这些公共产品包括水、电、气等有形产品，还包括教育、医疗、社会保障等无形产品。这是通过调用社会公共资源来实现的基本方式。

公共服务是指政府为了满足社会公众的公共需求而向公众提供产品的一种服务。政府公共服务按其功能划分，可分为维护性公共服务、经济性公共服务、社会性公共服务三种类型。

3. 从政府责任的角度定义

尽管学者从不同的供给与需求角度对公共服务进行了定义，但其本质属性可概括为政府的一项基本职能。世界银行认为，公共服务是政府的一项社会职责。政府通过筹措资金提供或管理促进卫生和教育成果的公共服务，显示了各国政府对公众健康与教育的职责。有学者从居民权利的角度出发，提出了公共服务的概念，即在一定共识的基础上，全国居民不论种族、收入与地位的差异，都应当得到公平、普遍享有的服务。另外，也有学者提出了更加具体的定义，即公共服务是指政府、非政府组织以及工商企业，依法生产并且供应纯公共物品、混合性公共物品与特殊私人物品的责任和职能。在这些职责中，政府必须担负首要责任。然而，就社会实践角度而言，我国政府的公共服务被定义为提供公共产品与公共服务的过程。具体来说，这些产品或者服务包括强化城乡公共设施建设、促进社会公众就业、社会保障服务，以及教育、科技、文化、卫生、体育等公共事业，并发布公共信息。

4. 从公益性的角度定义

一些学者从公共服务具备的公益性本质属性的角度出发，提出公共服务指的是政府为国民以及各种机构提供的一种无差别、无排他性的服务。政府并不是无偿提供公共服务，而是通过向公众征收税收，并将其作为公共服务回馈社会。或者认为，公共服务是指针对特定人群的一种商品或服务，其费用不是直接由个人承担。在新公共服务理论中，哈特夫妇主张与其企图控制或者主宰新的社会发展趋势，不如运用以价值观为基础的集体领导方式，让公众清楚地表达并满足自己的公共利益，这一点对于公务员来说日益重要。

不论是从政府提供的角度，还是从满足社会公众需求的角度，抑或是以服务型政府责任的视角来分析公共服务概念的界定，其实质都是履行政府职能，为整个社会提供公益性的公共服务。尽管不同的概念表达在内容上有所不同，但它们都包括以下基本内容。

（1）就公共服务的参与主体来说，公共服务是以政府为主，并以社会参与为重点，以确保社会公众的生产与发展为目标。公共服务由三个主要角色构成：提供者、生产者和消费者。提供者一般指的是政府，它是社会公共服务的提供方；政府、非营利组织和企业均能够担任公共服务的生产方；而所有国民则是共同平等享受公共服务的消费者。

（2）就公共服务提供的内容来说，实质上提供的是一种非竞争性、非排他性的公共产品，不但包含公共教育、公共安全、医疗卫生、文化体育等纯粹性公共物品，而且涵盖混合性公共物品。

（3）就公共服务展现的形态来说，公共服务分为物质形态的公共服务与非物质形态的公共服务。物质形态的公共服务就是公共产品，如公共基础设施、公共交通系统等；非物质形态的公共服务，则包含基础教育服务（尤其是义务教育）、就业服务、社会保障服务、医疗卫生服务以及公共文化体育服务等。

总体来说，尽管政府是主要的公共服务提供者，但由于公共服务具备与其他商品或者服务不同的特性，因此，单靠政府提供公共服务是不够的。只有政府与市场有效结合，才能够提升公共服务的供应效率。由此，本书把公共服务视为由政府主导、社会参与，在确保社会公众生存与发展的同时，提供公平合理的、旨在满足社会共同利益需求的服务。

（二）体育公共服务的概念

1. 体育公共服务的界定

目前，我国对体育公共服务的称谓有两种：一种是“体育公共服务”，另一种是“公共体育服务”。此外，部分学者对体育公共服务的范围做出了限定，例如，“城市体育公共服务”“城市社区体育公共服务”等。同时，与之相对应的体系被称为“公共服务体系”或“体育公共服务体系”。

“公共体育服务”的提出者肖林鹏等认为，其是公共体育服务更高层次的表述，是指社会团体为了满足社会公众需求而向社会提供的公共产品和混合物品。[①] 他们认为，“体育”是一种广义的体育，即与科学、教育、文化、卫生并称五大事业的“体育”，由此，“公共体育”和“公共体育服务”的范畴较广，涵盖了各类符合公众体育特点的体育项目，既有“奥运争光”的体育项目，还有高等学校的高水平体育项目，以及社区体育、职工体育、科学研究、医疗保健等群众体育项目。

蔡景台、樊炳有等在定义城市体育公共服务及体育公共服务时均认为，这些服务主要是提供给市民体育公共产品与服务，包含体育公共设施建设、体育公共事业发展、体育公共信息发布和体育指导服务完善等。这些服务为市民提供了生存保障，创造了参与社会体育活动的条件。[②] 另外，樊炳有还指出，体育公共服务应当由政府与市场协调发展提供，为全社会共同提供消费，并设立体育公共服务的阶段发展目标。据李静所说，体育

---

① 肖林鹏，李宗浩，杨晓晨．公共体育服务概念及其理论分析［J］．天津体育学院学报，2007，22（2）：97－101.

② 蔡景台，樊炳有，王继帅．城市体育公共服务居民满意度调查分析：以河南省10个城市为例［J］．北京体育大学学报，2009（6）：4.

公共服务是政府公共服务的关键构成部分。站在公共经济学与公共管理学的视角来看，体育公共服务与经营性体育产业是有差别的。经营性体育产业的着力点在于获取社会效益，而体育公共服务的着力点是为社会提供非排他性、非竞争性的公共产品和服务，与可以市场化、产业化经营的体育产业、竞技体育共同组成了我国的体育事业范畴。体育公共服务是政府主导、社会参与，进而形成的能够满足人民群众体育需求、保障人民群众体育权益的各种公益性体育机构与服务的统称。① 按照曹可强等的有关研究，我国现行体制下的体育公共服务由公共部门或者准公共部门共同提供，旨在满足社会成员的根本体育需求，着眼于提升公众身体素质以及生活水平。体育公共服务在提供市民体育文化服务的同时，还确保了社会生存与发展必需的体育环境和体育条件，属于公共产品和服务行为的统称。② 王才兴的研究显示，整合社会资源是体育公共服务的核心任务。该服务需要统筹、组织、协调、配置社会公共体育资源，以向市民提供体育公共产品和基本公共服务。体育公共服务是政府主导的公共事业，旨在满足市民基本体育生活需求，是向市民提供公共体育产品和服务的制度与系统的统称。③ 按照周爱光的观点，体育公共服务是公共服务不可拆分的一部分，具备公共服务的多种特性，不过其概念的外延相对较小。公共服务跨科教文卫体、社会保障、医疗、国防等多重领域，而体育公共服务仅属其一。换句话说，体育公共服务以提供多种体育产品来满足大众需求为宗旨。④

很显然，关于体育公共服务的概念，大多数学者既取材于“公共物品理论”，又基于“新公共管理理论”进行定义。尽管界定的方式略有不同，但从根本上来说，对体育公共服务的定义基本类似。人们基本一致地认为，公共服务的目的、意义、主体、客体、服务内容和模式，在体育公共服务中也适用。在本书中，公共服务被视为体育公共服务的上位概念，将

---

① 李静．试论体育公共服务体系建设[J]．南京体育学院学报(社会科学版),2009(1):4.

② 曹可强,徐箐,俞琳．完善上海市体育公共服务体系的若干对策建议[J]．体育科研,2008,29(2):5.

③ 王才兴．构建完善的体育公共服务体系[J]．体育科研,2008,29(2):6－9.

④ 周爱光．从体育公共服务的概念审视政府的地位和作用[J]．体育科学,2012,32(5):7.

体育公共服务或公共体育服务纳入“体育公共服务”统称，高校体育公共服务是其子类。

2. 体育公共服务的划分

周爱光在研究中指出体育公共服务有两种划分方法，为本书提供了重要的理论参考。

其一，可以从服务特征的视角出发，把体育公共服务划分为纯体育公共服务与准体育公共服务。其中，纯体育公共服务指的是具备非竞争性和非排他性的体育公共服务，涵盖制定体育法律法规及方针政策、建设体育公共设施、推动体育外交和处理体育行政事务等方面。政府组织是提供纯体育公共服务的主要供给主体，通过动用公共财政、消耗公共资源来提供服务。准体育公共服务指的是那些不同时或者不完全具备非竞争性与非排他性的体育公共服务。例如，职业体育项目的经营管理、休闲健身俱乐部的经营管理、一般体育设施建设、体育经纪人和社会体育教练培训等均属于这一范畴，由政府组织、企业组织、非营利组织及社区组织共同提供这些服务。多种管理体制的引入促进了竞争机制，以便更好地运用社会和市场资源。

其二，可以从服务对象的视角出发，把体育公共服务划分为群众体育公共服务、竞技体育公共服务和学校体育公共服务等。群众体育公共服务，主要针对的是以人民群众参与体育活动为重点指向的体验公共服务，包含公共体育建设、社会体育指导员的培训、国民体质监测等内容；竞技体育公共服务是以教练员、运动员赢得优异运动成绩，为大众提供高水准竞技表演等为主要指向的体育公共服务，包含为运动员提供选材、训练条件、文化教育与社会保障的服务，以及举办大型体育赛事等服务；学校体育公共服务旨在让广大青少年学生参与体育活动，增强其体质，并培养出高水平的竞技运动人才。

结合体育公共服务的概念与分类，学术界对体育公共服务的概念阐述出现了众多观点，但尚无定论。本书的观点与某些学者一致。

（1）体育公共服务是基本公共服务体系的关键构成部分，也是贯彻落实基本公共服务的重大措施，对提升公共服务水平、推动和谐社会的构建有着十分积极的意义。

（2）体育公共服务是公共服务体系中的一项。所谓“公共服务”，是指政府为了满足公众需求而提供的公共物品、混合物品或者服务，而体育公共服务则是政府为了满足公众的公共体育需求而提供的公共物品、混合物品或者服务。

（3）体育公共服务的主要职责在于合理整合社会资源，全面组织、调配、协调社会公共体育资源，向市民提供基本的体育公共服务与体育有关产品，使市民体育权益得以充分实现。公共体育服务则是由政府主导的公共部门为主要提供者，以满足市民基本体育需求为核心目标，向市民提供公共体育产品和服务的一套制度与系统的统称。

二、文化视域下体育公共服务的发展理念及目标

（一）文化视域下体育公共服务的发展理念

1. 体育公共服务发展理念的基本依据

自中华人民共和国成立起，党和国家始终把普及群众性体育活动、提升全民健康水平、强身健体列为我国体育事业发展的重大战略。实施全民健身计划需要向广大群众提供科学、简便、有效的健身方法。为此，1996年国家体委开始全面征集体育健身方法，共收集了超过3000种各类民间功法和传统锻炼项目，经过筛选后挑选出200多种健身方案一并推出。实践证明，政府的社会体育公共服务的管理职能发生了重大变革，这也是现代政府体育职能及身份的转变之一。

体育公共服务的理念依据主要有以下几点。一是科学发展观理论，这一理论受到社会与学界的积极拥护和高度评价。在科学发展观的指导下，坚持“以人为本”构建社会主义和谐社会理论为现行体育公共服务发展理念的确立提供了理论依据。二是和谐社会建设的价值目标追求。和谐社会的价值理念要通过价值目标设置来具体展现。三是服务行政理念，包含三个方面的定位：政府服务过程的责任取向定位，主要是指政府服务过程中

的责任控制，有内部控制与外部控制两种；政府服务评估以绩效为中心的结果取向定位，以实际的结果为工作重心，构建以结果为导向的管理体制；服务行政决策中的公民参与取向定位。

2. 体育公共服务的发展理念

（1）体育公共服务的出发点：以人为本，体现人文关怀。

“以人为本”的理念强调以个体的发展为出发点与最终归宿。这就意味着一切社会成员均有机会得到适应自身的发展，能够分享社会进步的成果并行使其权利。扩展至体育公共服务领域，则意味着任何人均有权得到平等待遇，不因地域、社会地位、性别或者收入等方面的差异而差别对待。“以人为本”彰显了每个人都应当平等地享有公民的基本权利，并且应当受到社会的尊重。体育公共服务确保了每个社会成员均能够享有相应的体育公共服务与产品，提升了人们的身体健康状态、精神状态及心理状态。如果人们丧失了身体健康，社会就会失去存在的基础，那么也就预示着体育公共服务失去了根基。故而，发展体育公共服务务必坚持“以人为本”，满足人民日益增长的体育公共需求，促进人的全面发展，助力整个社会体育公共服务事业的繁荣向前。

（2）体育公共服务的价值基础：社会主义核心价值观。

社会主义核心价值观涵盖社会主义制度下我国体育公共服务发展与建设的内在价值取向。体育公共服务的价值基础建立在社会主义核心价值观之上。“富强、民主、文明、和谐”是我国建设社会主义现代化国家的最高层次目标，体育公共服务是国家公共服务事业中必不可少的一部分，健康的、可持续的发展对这一层面的目标达成起着间接的推动作用。“自由、平等、公正、法治”是社会层面的价值取向，在体育公共服务构建进程中，要为公民营造一个自由的、公平公正的、有法可依的公共环境。同样，社会主义核心价值观对公民在个人层面上也做出了要求，即“爱国、敬业、诚信、友善”，体育公共服务的建设需要具备这些优良品质的公民。三个层面从不同的视角诠释了社会主义核心价值观，这也是支撑体育公共服务长久发展的潜在精神动力。

（3）体育公共服务的着力点：凝聚力。

国家的繁荣强盛、民族的伟大振兴能否实现，在于政府能否汇拢一切有利于社会主义事业的力量；在于政府是否具备凝结社会成员的核心能力；在于政府在治理社会时是否以“以民为本”为宗旨；在于政府是否逐步健全公共服务制度、提升公共服务品质，逐步深化“为民服务”的理念。政府必须采取清晰具体的行动举措，争取群众广泛支持，并让公民时刻感受到归属感与安全感。让人民感受到政府与社会的援助和认可，不论在怎样的困境下都能得到支持，从而展现出政府的凝聚力。社会的和谐与民族团结是我们最终要达成的目标。因而，在社会发展中，民族凝聚力是一个内在的推动力量，其核心是爱国主义与集体主义。我国的体育公共服务也融合了公共体育精神，这有助于增强民族凝聚力。

（4）体育公共服务的发展动因：以需求促供给。

公共服务是随着经济、社会和市场化的逐步推进而日益兴起与完善的。经济的倍增诱发了公共服务需求的产生，并为之提供了物质基础；同时，伴随社会的进步，公共服务慢慢成为人们享有的一项基本权利；市场化的发展也迫使公共服务得以催生特定的制度安排，同时伴随着市场机制的进一步发展推动其变革与创新。

我国体育公共产品的发展与繁荣受到经济发展、社会进步和市场化的演进等因素的推动，同时也受到它们的决定性影响。不过，目前我国的体育公共服务尚未得到充分的完善与规范。从供给方面分析，我国整个体育公共服务的规模尚小，能够投入的项目也不多。从实践经验分析，我国体育公共服务消费市场依旧处于发展的初期。消费能力、消费水平均比较低，消费结构不合理是难点之一。所以，有必要大力发展体育需求与供给市场，深入探讨体育公共服务的供求关系，以促进我国的体育公共服务健康、稳定、可持续发展。

（5）体育公共服务发展的均衡点：公平与效率之间的大众共享。

大众共享是为了维护和实现文化平等，尽可能避免并积极解决由于文化问题诱发的社会矛盾，以确保最广泛的公众权益，让全体国民均能够共享文化成果。政府应当确保人民群众享有基本体育公共服务。要把构建和谐社会的要求作为衡量体育公共服务的标准，加大政府对体育公共产品与服务建设的投入，优先考虑人民群众的体育需求，及时提供能够满足人民群众需求的基础性产品与服务，加快建立覆盖全社会的体育公共服务系统，平衡公平和效率。

（6）体育公共服务实现的基础：完善的体育公共服务体系。

为了确保公民享受体育公共服务，必须构建一套完备的体育公共服务制度。为此，我们应当切实提升体育公共服务的水平，提供更加多样的体育公共服务产品与服务，以满足不断增长的公民体育需求。而核心目标在于满足人民群众多样化、高质量的体育文化产品需求，提供更多层次、更丰富的体育公共服务产品，推动体育公共服务体系的不断完善。人们不但应当享受体育公共服务带来的福利，而且应当积极参与各种文化活动，以满足精神文化方面的需求，进而促进自身发展。为广大公民创造更良好的社会氛围与更自由的活动空间，是保护公民文化权益的深层次要求。

（二）文化视域下体育公共服务的发展目标

一般情况下，目标是指一个人经过坚持不懈的努力而期望达成的一种状态或者有一定的收获。现实生活中的改革，同样需要在深刻了解改革规律的基础上，明确改革目标，制定改革方案，并对组织成员的行为开展指导和协调，以实现预期目标。制定体育公共服务目标是科学发展体育公共服务的理论基础。

1. 确定体育公共服务发展目标的依据

应当科学定位和合理构建体育公共服务的发展目标，以社会发展和体育事业发展目标为依据与背景。社会发展目标基本定位了体育公共服务的发展目标。

2. 制定体育公共服务发展目标的基本原则

（1）公平享有。

政府部门应该积极采取有效措施，确保全民能够公平享受体育公共服务，这一点至关重要。只有这样才能够实现我国体育公共服务的公平性。为了助推体育公共服务的发展，应该采取以下措施：一是加大宣传力度，增强群众参与体育的意识与积极性；二是就近建设场地，方便居民开展体育活动；三是创建各类活动站点，为群众提供更多的体育运动场地；四是政府要扩大对公共资金的投入，以便更好地保障体育公共服务。

（2）满足不同层次的需求。

我国当前经济与社会发展不平衡，导致长时间内各个地区与社会阶层的体育公共服务需求发展出现了不均衡现象。为此，政府需要采取积极的支持措施，以满足不同层次民众的体育需求。以此为基础，我们提出了推动我国体育事业发展的基本政策，包含建设公共体育场馆、开放公共体育场地等，为公众提供基本的体育公共服务。这些都是全社会所需的体育公共服务。为了促进体育公共服务的发展，政府应当投入资金支持体育行业。在维持基本体育需求的前提下，按照社会经济发展水平，明晰体育公共服务的范围，构建系统的基本体育公共服务供给体系，确保其正常运行并向居民提供基本的体育健身服务；为了提升体育健身市场的活跃度，应该开展多形式、多层次的体育活动，以满足不同人群对体育的需求。

（3）加强政府宏观调控。

政府应当主导体育公共服务，承担服务、责任和法治政府的使命。其一，我们应当意识到体育公共服务对民生的重要性，每个人都应当享有基本的体育公共服务。这是我们现在面临的一个重大挑战。其二，鉴于城乡体育公共服务资源的不对称性，城乡二元结构在体育领域内呈现出独特的形态。其三，体育公共场地设施的开放程度需要得到提升。其四，当前导致我国体育公共服务供给不足的难点之一就是其服务质量低下。鉴于体育公共服务具备的独特性质，政府应当加强监管以确保其有效性。为了完成这一目标，政府应当实施一系列举措，包含借助立法规范政府职能、加大财政部门对体育事业的投入、完善相关法律制度、完善体育监督体系等。同时，政府还应当负责采购体育公共服务，为基本体育公共服务提供资金支持，并监管多层次的体育健身市场。

体育公共服务是指政府在体育公共设施、公共场地开放等方面提供的公益性体育服务，这些服务能够让整个社会受益。但是，假若无法对特定的消费进行清晰的界定，那么就应当由政府来出资支付相应的成本。政府既可以从社会体育机构购买服务，也可以直接提供体育公共服务。

政府对基本体育公共服务的资助，是指政府在其能力范围内，以财政补贴的方式，对基本体育公共服务项目进行资助，进而能够以更低的价格为公民提供基本体育公共服务，从而为全社会的弱势群体提供基本体育公共服务。

政府对多层次体育健身市场的监管，指的是政府以满足不同层次的体育需求为目的，对体育健身市场进行合理的规划，并制定相应的准入标准，对服务质量进行监督，使其能够维持有序的竞争。

（4）完善体育公共服务体制。

体育公共服务具备城乡一体化的体育公共产品供给制度，可形成多元化的体育公共产品供给模式与机制。这将从根本上转变原有的城乡二元供给制度，打造集中的城乡统筹体育公共服务供给制度。要按照公共产品的类别与层级，明晰政府供给责任的划分并平衡事权和财权。为了始终秉承“以人为本”的原则，政府应当把更多的财政资金投向体育公共服务领域，并确保新增资金主要运用到改善社会薄弱环节与农村地区的事业发展上。为此，政府需要建立多元化的体育公共产品供给机制，吸引民间资本、动员各界力量，形成以政府公共财政为主体、社会各界共同参与的体育公共产品供应机制。

3. 我国体育公共服务发展的总体目标

我国体育公共服务发展的总体目标：以满足社会成员的基本体育需求，提升居民的身体素质和生活质量为核心，不但提供基本而丰富多样的体育文化服务，而且为社会成员的生存与发展提供必要的体育环境及体育公共产品和服务。

完备的体育公共服务管理体制重点包含公共政策决策机构与机制，有效体育公共服务的供给主体包含政府行政部门和主要由公共财政支持的公益性体育服务机构。合理配置公共资金、土地、城市空间和人力资源，提供能够满足不同社会群体基本体育需求的体育公共产品和服务，并创建科学的体育公共服务绩效评估制度，确保服务质量的稳定性和种类的丰富性。

体育工作的主要任务是坚持为人民、为社会主义现代化建设服务的原则，积极促进全民健身运动，在提升人民身体素质方面发挥有效作用。追求“在运动中保持健康，在健康中获得幸福”的标准，鼓励并且支持人们积极参与体育活动，助推体育事业的长足发展。

健身设施的提供可以运用多样化的方式。政府引导、社会参与和多元投入是全民健身设施建设的主要方式，引导资金来自体育彩票公益金，政府和社会力量共同投资，建设室内外相结合的体育健身设施。这种多元投入的方式改变了过去全民健身设施建设单一的投资渠道，逐步融入企业的投入，使全民健身设施建设的投资渠道变得更加多元化。

在考虑公共文化体育设施的数量、性质、规模和布局，以及文化体育事业的需求时，应当以国家的经济和社会发展水平、人口结构，以及环境条件为基础，并按照国家对城乡公共文化体育设施用地限额的规定进行最优配置。

运用结合型体育公共服务融资模式，政府将资金投入体育公共服务领域，而体育部门将借助其他途径筹集经费，并在必要时候获得政府的法律支持。社区居民将积极参与筹资过程，这有助于推动大众体育活动的顺利开展，并提升民众的体育参与度与参与权利。

区域、城乡和个人受益于相同水平的基本体育公共服务，是体育公共服务已经成熟的标志。目前，我国政府应当关注推进区域体育公共服务进程，更加积极地助推城乡和居民体育公共服务的均等化。

（三）文化视域下体育公共服务的网络化发展

近年来，为贯彻落实《“健康中国2030”规划纲要》，实现全民健身，体育公共服务逐渐成为我国体育发展的重要方向。随着互联网的普及，如何充分利用互联网发展好体育公共服务成为一项重要课题。互联网是一把

“双刃剑”，在网络背景下，体育公共服务迎来了发展的春天，如何正确合理使用互联网是体育公共服务的重要内容。要对体育公共服务网络平台的开发进行研究探析，旨在提高体育公共服务效率，优化体育公共服务网络平台，加强对体育公共服务网络平台的建设和完善。

1. 网络化背景下体育公共服务平台构建的必要性

（1）推动体育文化传播的需要。

体育文化具有丰富人民群众生活，满足人类需求，促进社会秩序化、组织化发展的功能。随着社会经济的不断进步发展，我国人民群众的物质生活得到基本保障，人民群众对生活质量的提高有着较高追求。建设社会主义体育文化成为推动社会进步发展，构建社会主义和谐社会的重要内容。现阶段，社会文化传播中针对体育文化的内容少之又少，体育网络视频教学的内容及种类不够丰富。因此，网络化背景下体育公共服务平台的构建，将有效促进体育文化的进步发展。首先，体育公共服务平台的构建，有利于保护我国民间体育文化的丰富性及多样性，通过录制相应的体育教学视频上传至公共服务平台，使人民群众更加了解民间体育文化，保护濒临失传的民族体育项目。其次，在互联网时代背景下，网络使用者的数量剧增，借助互联网平台传播体育文化，将降低体育文化的传播成本，并有效提高影响力度，拓展影响范围。网络化背景下体育公共服务平台构建，有效推动了我国体育文化的现代化、信息化发展。

（2）促进体育产业发展的需要。

我国传统的经济发展模式中，体育产业的市场化发展程度较低，体育服务工作主要由政府及事业单位负责，加之社会恩格尔系数较高，人民群众投入体育消费中的资金比重较小，体育产业并未作为一项独立的产业发展。在经济全球化的发展背景下，各国之间的竞争与合作更加激烈，其中，不仅包括经济及军事实力的竞争，还包括体育产业等文化软实力的综合竞争。网络化背景下体育公共服务平台的构建，可以有效解决体育产业发展水平较低的问题。首先，构建体育公共服务网络平台，可为政府、体育企业、人民群众之间建立沟通交流的平台，提高政府及社会体育企业的体育服务质量。加之借助网络平台进行营销的成本较低且效果较好，将使人民群众减少生活中的体育投资，调动其参加运动的兴趣。其次，网络化背景下体育公共服务平台的构建，可以有效促进社会体育企业之间的良性竞争，人民群众在网络平台中可对体育服务进行评价，促进体育企业提供良好的服务项目。最后，网络化背景下体育公共服务平台的构建，可以进一步整合社会中的体育资源，完善体育市场的建设，带动整个区域内体育产业的全面协调可持续发展。

（3）人民群众科学健身的需要。

现阶段，在我国体育公共服务过程中，存在政府资金及政策支持力度不足，体育资源供给能力有限，大众体育服务人才、技术、信息整合力度不足等问题。体育公共服务的“硬软件”发展失衡，使体育公共服务工作无法得到切实的保障。因此，体育公共服务在质量及数量上无法切实满足人民建设发展的需求。由于人民群众的年龄、性别、爱好、收入等存在差异性，基于社会体育需求的维度进行分析，大众并未树立正确的健身态度，并处于自我锻炼的初级发展阶段，健身的内容与方式较为单一滞后。网络化背景下体育公共服务平台的构建，可为大众普及科学的健身知识与方式，帮助大众加深对自身身体状况的了解，为群众提供便捷化的搜索渠道及选择渠道。

（4）提升体育资源利用的效率。

网络化背景下体育公共服务平台的构建，将加大体育资源的搜集力度，实现体育资源的整合及挖掘，不断丰富体育产业的内容，挖掘体育文化的经济发展能力，促进体育文化及体育产业的进步发展。首先，我国体育事业起步较晚，政府投入体育场地建设与维护的经费不足，社会群众性体育活动开展得较少。现有社区体育场地无法充分满足人民群众的健身需求，制约了体育公共服务质量的提升。与此同时，体育资源的信息化管理程度较低，体育场馆的经营方式传统滞后，导致体育资源无法得到合理有效利用。网络化背景下体育公共服务平台的构建，可在一定程度上缓解这些问题，人民群众将通过平台获得场地的使用信息内容，避免在高峰时期预订体育场馆，避免由于运动的人数限制降低健身质量，而且，借助体育公共服务平台，可将社会中体育企业的信息进行发布，实现社会体育资源的有效整合。

2. 网络化背景下体育公共服务平台的构建内容

（1）平台目标分析。

体育公共服务平台的构建，应以“互联网＋体育”为主要发展方向，冲破体育公共服务发展的瓶颈，实现大众体育便捷化及信息化的发展。首先，网络化背景下体育公共服务平台的构建，旨在提升体育场馆的使用率，为人民群众提供在线选定体育场馆的服务功能，满足大众对体育基础设施的个性化需求。其次，网络化背景下体育公共服务平台的构建，将打破体育知识闭塞的困境，实现体育资源信息的共享。借助现代化的网络平台，实现对健身知识、健身视频等资源内容的优化整合，并上传至公共服务平台数据库，为群众的体育活动提供在线交流及指导，提高群众体育活动的科学性及有效性。最后，网络化背景下体育公共服务平台的构建，将有效扶持中小体育企业的发展。将企业的信息集聚在网络平台上，方便大众进行查看、使用。与此同时，构建体育公共服务平台，有利于为体育工作者提供更多就业的机会，并提高政府部门的体育服务质量与水平。

（2）用户需求分析。

随着社会经济及信息技术的不断进步发展，大众对体育服务的要求不断提高，社会各类人群对体育运动的需求呈现多样化的发展趋势。首先，政府部门的体育公共平台需求分析，主要目标是为群众提供体育公共服务，解决现阶段人民群众的身体健康问题，提高民生工程的质量与效率。其中主要包含三个方面的内容，即将体育赛事、体育知识、体育信息等传递给群众，培养群众的体育意识与体育精神，并提高体育企业的服务质量与效率。其次，体育工作者的主要需求是就业支持及就业引导，体育公共服务平台建设便于群众直接联系指导员进行订购，扩大体育指导员队伍，提供更多就业机会。再次，体育企业的主要需求是传播企业信息，为消费群体提供直观且透明的信息传播方式，提升群众对企业的信任程度及认可程度。最后，人民群众的体育需求主要包含获得体育服务知识、与体育服务方进行沟通、获得体育运动的知识与技能、在公共服务平台中分享运动的体验。

（3）平台框架分析。

网络化背景下体育公共服务平台的构建，主要的模块包括体育资讯模块、指导教练模块、同城交流模块、场地预订模块、培训机构模块、赛事报名模块等。第一，体育资讯模块，帮助群众解决在体育活动中遇到的问题。该模块呈现的内容主要为体育知识、体育教学视频、图片材料等，满足群众自学体育知识的需求。第二，指导教练模块，主要为平台上的用户提供推荐体育指导员、体育教练的服务，群众在体育公共服务平台上，将直观地了解到体育工作者的信息内容。第三，同城交流模块，主要为寻找体育伙伴、分享体育运动经验的平台，其中包含一些集体性的运动项目，如篮球、足球、羽毛球等。第四，场地预订及培训机构模块，主要是为了满足大众对体育运动场所及项目的需求。第五，赛事报名模块，将体育比赛信息发送至网站及用户的手机客户端，加大体育活动的宣传力度，拓展体育比赛的参赛规模。

3. 网络化背景下体育公共服务平台的构建

（1）网站平台构建。

网络化背景下体育公共服务平台的构建，需要保证内容的丰富性与真实性，不断促进网站平台的市场化运作。体育公共服务网站平台将为市民提供更加多样化的服务项目。例如，体育赛事搜索、体育赛事直播、体育活动报名、体育场馆的查询及预订、体育活动指导培训、体育产品购买等。在网站平台的建设中，应完善两个方面的搜索内容，即体育场地搜索及教学培训搜索，以方便大众选择合适的体育运动场地及教练，提高大众的体育运动兴趣与热情。体育公共服务网络平台，应坚持市场化、专业化的运转方式，并保证网络平台中的功能系统不断升级更新，为大众提供人性化的体育公共服务。

（2）App 平台构建。

网络化背景下体育公共服务平台的构建，借助手机 App 平台，将有效打破时间及空间对体育公共服务的限制。在 4G 网络不断普及的发展背景下，群众通过手机注册便可使用手机 App，借助定位系统可了解附近的体育运动场馆信息，其中涉及电话、项目、路线、价位等内容，便于用户更加便捷地选择合适的体育运动场所。体育公共服务手机 App，主要包含四个模块，即场馆推荐、同城约战、赛事信息和个人中心。手机 App 具备健身指导预订、健身信息推送等功能，并为大众寻找体育伙伴、体育活动报名等提供途径及方式。手机 App 平台的构建，需要技术支持及后台运作，需要政府的资金与政策支持，继而可以为大众提供便捷、及时的体育公共服务信息。

（3）微信平台构建。

网络化背景下体育公共服务平台的构建，借助微信公众平台是有效的发展路径。体育公共服务微信平台的构建，需要保证界面的简洁美观，提高大众参与运动的兴趣及热情。体育公共服务微信公众平台，需要由专业的微信运营成员及技术人员，每日推出相关的体育信息，其中包含体育赛事、体育活动、体育装备、体育知识等。微信公众平台主要由三个板块构成，即微运动、微预订和微社区。首先，微运动板块主要向人民群众推送最新的体育新闻、赛事报名、体育成绩、体育视频、比赛购票信息等。其次，微预订板块的界面内容通常为体育场馆的选择及预订，并附加体育场馆的教练信息、设备信息等，确保大众可以在微信平台上选择喜欢的体育项目及体育场馆。最后，微社区板块主要是针对大众网络使用习惯的差异性而设，其中包含各种网络平台及手机 App 的链接，并设置大众交流互动的端口，实现体育信息资源的共享。

网络化背景下体育公共服务平台构建的必要性在于提高体育公共服务的信息化建设程度，满足人民群众对科学化及多样化体育公共服务的需求，并充分利用社会体育服务资源，推动体育文化和体育产业的进步及发展。网络化背景下体育公共服务平台的构建目标主要为实现体育资源的交流，促进社会中小型体育产业的发展，提高政府部门的体育公共服务能力。因此，网络化背景下体育公共服务平台的构建，具有一定的可行性与必要性，政府职能部门应充分整合社会资源，大力构建体育公共服务信息平台。

第二节　文化视域下我国体育公共服务发展的现实困境

党的十九大报告提出了大量推进全民健身活动的举措，旨在进一步加快我国体育强国建设步伐，并确立了我国体育事业未来的发展方向。然而，在这样的背景下，我国基层地区的体育公共服务体系面临着许多困难和挑战。首先，受社会经济结构转型升级和政府机构改革等因素影响，我国体育公共服务的投入不足。其次，基层地区的体育公共服务水平普遍不高，需要进一步改善。面对人民群众日益增长的多元化、多层次体育需求与现实困境，我们要思考怎样进一步丰富和完善体育公共服务，构建一个设施完备、科学有效、精准服务的体育公共服务体系，以满足人民群众日益多元化的健身需求。在遵循基本、可持续、均等化的原则下，解决体育公共服务供给不平衡、不充分的矛盾，是我们必须应对的挑战。

一、我国体育公共服务滞后

尽管我国政府已经出台多项举措用以提升、改进和满足民众对体育的多样化需求，可是，我国整体的体育公共服务供应现状仍然问题重重。随着时间的推移，城乡之间和各地区之间的差距逐步增大，导致体育公共服务供应滞后的现象仍然十分普遍。

第一，各地方体育公共服务与当地经济发展水平不协调，导致存在多种矛盾与难题。例如，地方各级政府的体育公共服务投入严重不足，无法满足不断增长的群众需求。体育公共服务范畴十分有限，公益性也不够突出，经费匮乏，服务费用高昂，政府提供的免费或者收费低廉的体育服务相对不足。

第二，我国存在全国性的体育公共服务欠缺问题，而且在地域、城乡、阶层方面也存在显著的不均衡。

第三，我国全民健身战略的实行由于财力保障欠缺而受阻，导致政府无法有效履行提供体育公共服务的职责，同时，制约了体育民生项目的发展与实施。

第四，一方面，经济欠发达地区的体育公共信息服务发展滞后，无法满足社会弱势群体的体育需求；另一方面，体育公共设施的匮乏导致民众对体育活动缺乏重视，政府也无法提供足够的体育场地资源。体育与经济的繁荣密不可分，这是因为体育事业的发展水平通常取决于经济的繁荣程度。经济欠发达地区的体育公共信息内容不足，导致体育公共服务质量不高，无法满足当地居民日益增长的体育需求，阻碍了该地区体育事业的可持续发展。在我国发展体育公共服务体系的过程中，经济因素产生了深刻影响，不仅影响了体育公共信息的提供，也对民众的体育需求认知产生了不利影响，导致体育公共信息服务与民众的体育需求脱节严重。

第五，缺乏科学化的资源分配。相关研究分别从横向和纵向两个视角探讨了我国体育公共服务资源配置的整体特征，指出在这方面存在显著的不均衡现象，具体表现为不同地区和省份间的差别逐步增大，城乡差异也越来越突出。在这样的前提下，我国体育公共服务在资源分配方面存在严重缺陷，需要进一步完善有关体制。

第六，供求矛盾显著。目前，我国体育公共服务供给依然存在以下难题：体育公共服务经费规模虽有所扩大，但财政支出占比下降；体育公共服务设施数量增加，但实际面积占有率下降；体育公共服务指导服务需求旺盛，但承载能力不足。另外，我国体育公共服务组织中也存在一些问题，例如，政府机构庞大，社会体育组织需要进一步发展；国民体质监测服务的覆盖面也亟待扩大。以上提到的各种问题导致供求双方存在冲突。

二、我国体育公共服务制度不完善

目前，我国体育公共服务体制还不健全，主要表现为缺少有关部门的监管与体育公共服务质量问题。随着我国经济的持续增长，体育公共服务事业得到了更大的发展，为城市社会体育组织的出现提供了便利的社会环境。可是，就当前我国城镇社会体育组织在从事体育公共服务方面的总体情况来说，缺乏体制上的保障依旧是造成其发展滞后的一个关键因素。

第一，我国当前体育公共服务的管理体制和运行机制还不健全，在制度层次上责任不清，导致政府和社会对体育公共服务的投入受阻。另外，缺乏有效的监督管理机制和多元化的社会与市场参与机制，也是现实运作中的一大问题。

第二，从制度层面探析农村体育公共服务的现状，可以看出制度薄弱是导致农村体育公共服务难以发展的关键。主要表现在城乡体育公共服务供给制度不统一、农村基础服务供给次序的制度不健全、农村体育财政管理制度欠缺、农村基层体育建设体系散乱、微观基层民主制度不完善、宏观政治体制亟待转型等方面。

第三，要在体育公共服务领域实施制度创新，就必须先确立符合当前价值导向的理念和实践路径；政府应当加速体制创新改革，积极指导市场和体育社会组织参与体育公共服务供给，创建多元协同治理机制。

第四，在体育公共服务工作中，存在法律制度空缺、部门沟通不畅、权力制约不足、问责程序模糊等现实困难。

第五，我国体育公共服务的发展深受体育公共设施缺乏的影响。为了拓展体育公共设施的多元化供给路径，需要创建完善的制度保障体系，如财政投入、政府购买体育公共服务、体育场馆资源捐赠、体育营业税优惠以及体育设施社会化开放等制度。

三、我国体育公共服务产品与供给机制不足

我国现阶段体育公共服务体系不健全，主要表现在体育公共产品供给短缺、供给机制不完善等方面。具体情况分析如下。

第一，我国体育公共服务供给总量不足，无法满足公众对体育公共产品的需求。同时，优质公共健身设施欠缺，全民健身所需的资金短缺。另

外，有效的体育公共指导服务体系还没有形成，公众无从获得科学的健身方法。即便身边有便捷的健身场所，由于大部分公众消费能力有限，也就难以加入体育运动。社区、公园等基层单位的健身设施在长时间使用后，损坏率逐步升高，但维修保养没有跟上，与之配套的服务也不足。

第二，我国体育公共产品供给不足和服务功能不健全。体育公共服务的供给权来自政府（通常是指体育行政部门）、企事业单位、社会团体或者公民个体。而现阶段我国体育公共服务供给主体不明晰，各供给主体供给混乱，导致体育公共服务供给总量虽然逐年增长，服务质量却无法保证。

第三，我国体育公共产品与服务欠缺公平性。主要表现为城乡发展不平衡、经济发达地区和欠发达地区发展不平衡。另外，还有政府的体育公共产品与服务投入不平衡，以及忽略弱势群体的体育公共产品与服务的投入。

单中心治理模式在我国存在行政成本高、治理效果差、违背法治原则等难题，而多中心治理理论则注重“多元主体自主参与治理决策与监督”，有效地缓解了单中心治理模式带来的低效率供给与公众满意度低的问题。市场供给是多主体融合的重要方式，借助弥补传统供给短缺、突破政府垄断，实现体育公共服务资源的优化配置。

四、我国体育公共服务职能欠缺

目前，我国政府在体育公共服务中的职能欠缺，严重制约了我国体育公共服务事业的发展，具体表现在以下几个方面。

第一，我国政府应当从多个角度来提供体育公共服务，包含主导理念、产品结构、运行机制、供给方式与供给评估等方面。这也意味着我国政府应当实现从管制向服务的理念转变，从单一向多元的产品结构、从垄断向竞争的运行机制，以及从关注投入向注重绩效等方面转变。可是，在实际提供体育公共服务的过程中，从观念到运作过程，从环节到目标，政府部门均存在不同程度的脱节与偏差现象。

第二，需要重点改革的领域是体育管理体制，旨在实现服务型政府。将“以人为本”作为体育发展的主要思想，确保政府能够顺利提供体育公共服务，并满足公众多元化的体育需求。可是，公众实际上并没有享受到相关福利，这说明体育公共服务还需要更多的改进工作，需进一步拓展到与民生相连的领域。

第三，为满足当前社会多元化的体育公共服务需求，建设服务型政府至关重要。在这一过程中，政府应当根据多元化的社会形势及社会环境，与市场和社会多元合作，重新认知政府职能，积极调整其职责，充分发挥社会效应和服务作用。可是，在当前体育公共服务中，各级政府职责定位不清，出现了十分严重的缺位、越位、错位、失位等问题。

五、我国体育公共服务体系建设不完善

我国体育公共服务体系建设仍存在许多不足和缺陷，这一结论已经广泛得到了大家的认可。事实上，这一问题体现在很多方面。其中包括老龄化社会下的体育服务需求增加，基本体育公共服务不均衡以及缺乏权威、可靠的数据用于体育公共服务评估和决策等。

第一，随着我国人口老龄化趋势的加剧，老年人对体育公共服务的需求也逐年增加。这就要求我们对目前体育公共服务的建设开展深度分析和研究，以便更加准确地把握老年人体育需求的动态变化及其特点和服务要求。同时，越来越多的体育活动开始关注老年群体的健康状况。因此，必须抓紧时间解决老年人体育公共服务不足问题，提升老年人体育健康水平，为老年人群提供更加适宜和规范的体育活动环境。

第二，我们还需要深入探讨基本体育公共服务的内涵和特征。由于城乡、区域和不同人群之间的体育公共服务存在不均衡现象，县以下的体育组织建设依旧处于薄弱状态，体育服务水平有待提升，体育公共设施的数量远远不足，甚至存在使用效率低下的现象，进而导致全民健身工作面临巨大的挑战。同时，为了更好地评估和决策体育公共服务，必须获取权威、可靠的第一手数据，以确保相关工作的科学性和规范性，继而实现全

民健身工作的可持续发展。

六、绩效考核参与不科学，信息不透明，监管不到位

（一）评定主体参与不科学

现今，国内已经开展了多项探究和运作，以对体育公共服务绩效开展考核。但是，绩效考核在推进体育公共服务发展方面，存在主体参与结构不科学的难题。以江苏省为例，首先，我们通过分析江苏省体育公共服务示范建设的评价标准和指标体系，制定了以下程序：省辖市体育行政部门向省体育局提出申请；省辖市所辖的县（市、区），经省辖市体育行政部门审核后，向省体育局提出申请；昆山市、泰兴市、沭阳县等地的体育行政部门，则可直接向省体育局提出申请。其次，主体参与自我评价并提交资料，并按时向省级体育总局委托第三方评价机构提交评价成果，以对照评价指标进行评价。最后，第三方评价机构评选出符合所有要求的企业，并授予“体育公共服务体系示范区”称号。从江苏省体育公共服务体系创建示范基地的评估方式来看，尽管引入了第三方组织参与评估以保证评估的相对公平性，但尚未充分发挥其评价功能。第三方机构由省体育局直接委托且为单方面决定，难以对评价主体的专业性进行评判。此外，只是单纯考虑成果的评价并不充分，指标体系的采集和制定也是评估过程中不可或缺的一部分。可是，采取单纯的“第三方评估”方式，忽略了评估过程，存在一些不科学的现象。评估过程呈现出全封闭、不公开、不透明、缺少社会参与的现象，并且评价主体参与结构也不合理。

（二）考核过程信息不透明

根据调查，全国 31 个省（区、市）的体育部门官方网站中，只有北京市体育局开设了“绩效考核”板块。自 2016 年起，该部门公布了当年的绩效考核结果，在 2017 年初进行了核查，并重新公布了 2016 年的绩效考核结果以接受社会监督。为加强政府网站信息内容建设，北京市体育局在 2017 年抽样检查政府网站，并对四个季度进行全面检查，旨在挖掘并解

决问题，更好地让公众了解政府工作进展。使用网络进行政府绩效公开模式，有助于提高政府信息透明度、促进政府工作效率，还能及时汲取群众反馈意见并做出有效回应。除北京市体育局外，其他省（区、市）体育局仅在官方网站公布政府信息公开的年报、预算、决算等，并且整个过程封闭，公开性与透明度不足，使公众的监督变得被动。

（三）监管不到位，政策执行的阻滞现象突出

在达成政策目标的过程中，仅有10%的贡献来自方案设计，而剩余90%取决于有效实施。倘若体育公共服务政策不能得到很好落实，将会对其质量与效益产生十分明显的影响，进而导致体育公共服务的效率下降。另外，在政策监管方面，缺乏一个独立、权威的监管机构来实施体育公共服务政策，而政府部门既是体育政策制定者又是监管者，可能存在利益冲突和监管不到位的问题。由于体育公共服务政策执行时间比较长，而管理政策又看重结果不注重过程，所以执行体育公共服务政策的过程中常常会忽略目标的偏离，导致政策效果不理想。

第三节　文化视域下体育公共服务在高校的影响因素、发展模式及优化建议

一、文化视域下体育公共服务在高校的影响因素

体育公共服务可以借助多种方式和途径来实现，而不同的组织机构也可以为其提供支持。这些机构包含公共行政机构——正式的政府机构，以及专门的公共服务机构（在我国被称为“事业单位”），如公立学校等。我国的高等院校（包括大学、独立学院和高职院校，还包括成人院校等）是非营利性专业公共服务机构，一般来说，是利用公共资金、公共资源、公共权力等为学生提供体育公共服务的，可以称之为“高校体育公共服务”。

高校的职能是培养人才、发展科学、服务社会以及对文化的传承与创

新。学校要参与全民健身活动，积极向公民提供体育公共服务。只有正确认识到高校体育服务的重要性，提高服务意识，才能充分发挥高校体育服务的职能。高校在体育公共资源方面的优势是显而易见的，然而，由于各种体育公共资源难以和社会产生深刻的联系，在直接为社会服务方面还存在不足。在我国目前发展体育公共服务的大环境下尚未较好地发挥体育公共资源的优势，因而，如何利用学校体育公共资源为社会提供服务已成为我国体育、教育等部门的重要议题。为使学校体育资源更好地为社会提供服务，促进学校体育资源的开发利用，在全国 7 个省（市）开展学校体育场馆向社会开放试点工作的基础上，2006 年 10 月，国家体育总局、教育部又联合下发了《关于印发〈全国学校体育场馆向社会开放试点工作方案〉的通知》，拉开了学校参与体育公共服务的序幕，众多学校开始了体育场馆对外开放、服务社会的尝试。学校体育场馆资源的对外开放只是学校体育资源服务社会的一部分，随着学校体育场馆资源为社会提供服务的不断深入发展，寻求学校尤其是高校其他体育资源为社会服务的途径显得越来越重要。

高校体育公共服务可以解决以上问题。首先，体育公共服务的核心任务是整合社会资源，统筹、组织、协调、配置社会公共体育资源，向市民提供基本的体育公共服务及体育产品，以保障市民体育权利的实现，而高校具备相对丰富的公共体育资源可供整合利用。高校拥有资深的体育专家，经验丰富的体育教师及教练员，整套的体育教学、训练与组织经验，相对充足的体育场馆（地）设施等；具有体育项目多样化、新兴项目易研发与推广，以及社会服务时间和体育公共信息资源相对充足的特点。其次，高校体育组织有较丰富的管理经验，体育部门、体育社团及相关的宣传部门对国家的体育方针政策、体育发展动态和体育赛事等信息的掌握较为全面。所有这些均为高校提供体育公共服务奠定了强有力的人力、物力、信息及组织等基础，能充分满足公民的体育需求。因此，在政府部门的指导下，普通高校可以向全民提供体育公共服务。同时，高校体育公共服务对缓解体育公共服务的供给不足以及加强高校体育公共资源直接服务社会，甚至对构建多中心、多元化体育公共服务体系，均具有重要意义。

高校体育公共服务是指高校作为供给主体之一，向校内外公民提供体育服务，包括健身指导、健身设施等，旨在满足公民最基本与最直接的体育需求，实现公民的体育公共权益。作为多中心、多元化体育公共服务供给体系的关键组成部分，高校体育公共服务的对象包括高校大学生、教职工及其家属，以及社会公民，其目标在于为公民体育公共利益服务。然而，高校所处环境和基础条件的异质性造成了高校体育公共服务发展水平存在差异。所以，本书从文化视角探讨了高校体育公共服务在高校中的影响因素。

（一）服务质量

为确保高校体育公共服务的顺利开展，服务的质量须妥善保障，同时，服务的便捷度、公平性、安全保障和舆论宣传等均需兼顾。

首先，高校体育公共服务的便捷度至关重要。有些学生、教职工及其家属或者外来人士发现，他们所在地区的健身设施不能满足他们的锻炼需求，大多数校内外人士都期望所在高校或居住区域附近建有健身场所。此外，大部分人希望高校能为他们提供方便的服务，如阅读体育相关报纸杂志、开展休闲活动、普及健身常识等。甚至还有一些人希望高校提供免费饮品、运动服装和器材销售等服务。

其次，高校体育公共服务的优先考虑因素应当是公平性。高校体育公共服务需兼顾公平，满足大众的体育需求，促进体育公平，并争取社会支持，以推动普及群众体育运动。这一目标与高校体育公共服务的基本理念相符，即推动公民体育共同利益的实现。高校体育公共服务应该面向大众，惠及广泛人群，而不是仅关注某些特定群体的利益，要谋求整个社会的共同利益。

最后，对于高校体育公共服务工作而言，加强安全保障和舆论宣传是至关重要的。在校园内，安全保障是制约高校体育设施开放和活动举办的主要因素之一，而舆论宣传则是提升高校知名度与影响力的关键手段。我国高校体育教育专家和管理人员普遍认为，能否保障体育活动的安全是影响高校体育公共服务质量的一个关键因素。倘若高校不能有效处理安全问题，那么提供给学生和社区使用的体育场馆与场地将得不到广泛使用，大学生参与社区运动服务的程度也会受限。此外，高校通常采用多种推广方式进行体育宣传，如电视广告、传单、宣传栏、名人代言、体育赛事等。有些大学则更加注重与服务对象进行直接交流和沟通。通过多种途径，如面对面沟通、专人收集反馈信息、网络论坛、留言板、电子邮件以及意见箱等，为建立交流桥梁做出努力。

（二）服务对象

高校体育公共服务的需求受服务对象的参与意识、体育意识和消费能力的影响较大，这些因素也是影响高校体育公共服务供给的重要因素。有关研究发现，参与意识强、体育意识浓、消费能力高的服务对象更愿意参与各种体育活动，反之则参与意愿不足。

（三）体育科技与信息

高校体育科学技术的发展与信息服务水平的提升，对高校体育公共服务至关重要。我们应当坚持“科教兴国”和“科教兴体”的方针，依靠科学技术提升体育人才素质，并推进体育事业的快速、持续、健康发展，这是实现“全民健身计划”和“奥运争光计划”的必要途径。高校是实现“科教兴体”战略的重要力量，其在体育科学研究和成果转化方面具有明显优势，同时，在奥运科技攻关和普及全民健身等方面也发挥着十分关键的作用。高校体育公共服务是全民健身服务的重要构成部分，与高校体育科技研究和科技成果转化密切相关。所以，高校的科学技术能力和成果转化能力也直接影响其体育公共服务水平。

随着社会信息化程度的逐步提升和互联网的持续发展，高校内外对体育信息服务的需求越来越大。为满足校内外公民的客观需求，高校正逐步增加向外提供体育信息和与服务对象交流的渠道。当前，现代化信息服务方式已取代传统服务方式，成为高校体育信息服务发展的趋势。随着科技的逐步提升，21 世纪社会信息化水平飞速发展，高校是人类智慧与信息的汇聚地，对社会发挥着越来越大的作用。所以，逐步提升高校体育科技水平和信息服务质量，是高校体育公共服务发展的必要手段。

（四）场馆（地）与人力资源

高校体育场馆设施状况对高校体育公共服务具有十分关键的影响。

体育硬件设施是高校体育公共服务开展的基础条件。现如今，大多数高校均配备了不同规模、不同质量的室内综合体育馆和室外体育场地设施，对高校体育公共服务的推进至关重要。高校体育教师与多数大学生是高校体育公共服务的主要引导者，能够组织和指导服务对象开展体育活动。在这些人中，体育教师扮演着指导人员的主力军角色，他们的空余时间比较充足，具备出色的组织管理能力、精湛的体育锻炼知识和优秀的实践技能。这些都是体育教师在高校体育公共服务中必备的基本素质。高校学生是高校体育公共服务的受益者，适当组织可以让他们成为体育公共服务的贡献者。尤其是体育专业大学生、体育爱好者和高校学生体育社团成员，他们的积极性能为高校体育公共服务注入新的活力。当然，要想体育教师和大学生都能为本校的体育公共服务尽一份力，学校应当给予对应的支持、有效的组织与管理和适当的经济补贴，并提供更多的出国进修和培训机会。

综上所述，高校体育公共服务以场馆和人力资源作为必备条件，二者分别为硬件和软件因素，成为有效开展高校体育公共服务的核心。为此，高校应将现有场馆和人力资源进行整合，以实现体育公共服务的目标。

（五）资金及管理

影响高校体育公共服务发展的因素包括高校体育专项资金投入、高校体育资源合理利用程度、高校领导重视程度、高校内部组织与管理，以及政策法规支持程度等资金和管理方面的因素。

高校体育公共服务的有效实现，与高校体育专项资金的投入量以及体育资源的合理利用程度密切相关。有关研究显示，我国大部分高校体育经费源于政府拨款，其他高校则通过开设培训班、俱乐部或获取社会赞助等方式筹集资金，同时利用体育场馆及师资等资源为社会提供服务。例如，为了自我发展，海南大学采用了“以场（馆）养场（馆），自我滚动”的发展模式，通过面向社会提供有偿服务，如开放国民体质监测中心、青少年体育俱乐部并收取服务费用，实现了自我发展的管理目标。另外，广东外语外贸大学通过社会赞助，3 年筹集资金 26. 8 万元，为学校的体育工作提供了重要保障。①

高校内部的管理和组织，学校领导对体育服务的重视程度，以及政策法规的支持，都会直接影响高校体育公共服务的发展。在高校体育公共服务中，获得领导的重视是必不可少的。同时，合理的内部组织与管理也是必要保障。此外，政策和法律的支持为高校体育公共服务的开展提供了制度上的保障。因此，必须拓宽经费来源，创新管理机制，以实现高校体育公共服务的持续发展。

（六）外部环境

地区经济增长水平、教育文化发展情况，以及兄弟院校的体育服务水平，均是制约高校体育公共服务品质的外部环境因素。任何一所高校的体育工作都必须适应特定环境才能开展，为了促使高校体育公共服务有效开展，还应当考虑周边地区经济、教育水平和兄弟院校的服务状况。这是影响高校体育公共服务有效性的主要因素，也是其发展成长的重要条件。伴随现代社会科学技术和信息的高速发展，高校体育必须适应时代潮流和社会环境的变化，才能在高等教育持续改革的背景下实现稳定发展。随着全球经济和教育的日益一体化，全球范围内的体育潮流对高校体育产生了巨大影响，高校教育必须迎接全新的机遇和挑战。这需要高校以新的观念、视角、思路和策略来调整高校体育工作。

二、文化视域下体育公共服务在高校的发展模式及优化建议

本书把高校体育公共服务的发展模式划分为四种，即行政供给发展模

① 杨光．普通高等学校参与体育公共服务路径研究[J]．文体用品与科技，2022(12)：175－177.

式、市场化机制供给发展模式、自愿供给发展模式和混合供给发展模式。然而，这四种模式均存在其不足之处。所以，在我国高校体育公共服务系统的建设中，需要对这四种模式进行科学运用，以发挥最大的效益。

（一）行政供给发展模式及优化建议

尽管高校的行政力量并非唯一的参与者，但在高校体育公共服务中，行政力量仍是一个不可或缺的关键组成部分。行政力量本质上对大部分高校体育公共服务的生产和供给起着主宰或者主导的作用。高校可与相关行政部门合作，将体育公共服务委托给这些部门；也可遵循政策，由高校提供外部环境、内部政策和制度支持，授权系部或者体育公共服务委员会等机构承担具体服务任务。高校还可以吸纳学校体育教师、学生或者学校内的体育社团等参与体育公共服务的生产和供给。

（二）市场化机制供给发展模式及优化建议

市场化机制供给发展模式是把市场机制引入并且应用于某一领域，借鉴其优势的过程。高校体育公共服务的生产责任可以借助市场化机制得以分离，同时，高校也需承担监督其体育公共服务过程的责任，以确保服务质量和效应。高校体育公共服务的市场化机制供给发展模式主要包含合同外包、用户付费、凭单制和提供补贴等。

（三）自愿供给发展模式及优化建议

自愿供给发展模式是指高校成员，尤其是体育教师和大学生凭借志愿服务与互助等方式，参与高校体育公共服务的供给活动。自愿供给发展模式在高校体育公共服务中扮演了极为重要的角色，得到了广泛的认可和支持。在过去的几年里，伴随人们体育精神和文化认知的提升，越来越多的高校体育公共服务活动开始采用自愿供给发展模式。

一方面，自愿供给发展模式以不同的形式表现出来，以适应不同的社会需求。例如，体育爱好者可以选择自愿合作、自由参与或加入俱乐部等方式进行自愿协助。自愿供给者将其个人爱好和专业技能应用于服务，并以此解决体育公共服务面临的诸多挑战。同时，自愿供给发展模式也为高校其他社会活动提供了示范效应，促进了高校体育公共服务向更广泛的群体延伸。另一方面，自愿供给发展模式在一定程度上起到了辅助作用。而这种辅助作用可以解除纯粹的行政供给对短期服务效果的限制。在自愿供给发展模式下，高校体育公共服务得到了更加细致和全面的覆盖，也使相关人员能够更好地理解底层需求并更好地满足这些需求。这种模式能够有效激发服务方式与效果的创新性思维，让服务过程更加高效，服务成果更加优质。在实践中，自愿供给发展模式已经为高校体育公共服务带来了极大的推动力。通过自愿供给发展模式，团结和利用社会上最广泛的知识技能群体，能够更好地满足广大学生的体育需求，也激发了高校体育教育的改革动力。目前，全国各高校都已开始推行自愿供给发展模式，并取得了明显的改进效果，为提升高校体育公共服务的质量和效率提供了有力支持。

总之，自愿供给发展模式是推进高校体育公共服务不可或缺的一部分。在这种模式下，高校成员可以参与进来，虽在经济和时间成本上投入较小，但获得的回报丰厚。同时，自愿供给发展模式也让高校体育公共服务提升到了一个新的高度，进而使更多人能够受益于此。相信随着时间的推移，自愿供给发展模式在高校体育公共服务中发挥的作用将持续增强。

（四）混合供给发展模式及优化建议

混合供给发展模式是一种新型供给模式，包含行政、市场、自愿供给三个方面的特征。高校体育公共服务的内容和种类多样，导致其服务模式的多样化和特征的丰富性。混合供给发展模式综合了以上三个模式的特征，彰显了其独特性。混合供给发展模式由于其独特性而具备更大的灵活性，相较于其他供给模式，能够更好地发挥优点，避免缺点，是一种比较优越的供给模式。混合供给发展模式的表现形式多样，针对大学生的高校体育公共服务，一般运用行政供给与自愿供给相结合的发展模式；对于校外公民，则运用行政供给与市场化机制供给的混合发展模式；有时面向校内外公民提供服务时，也会有三种发展模式结合的情况。因此，要充分发挥混合供应发展模式的弹性优势，就必须注意多种发展模式的组合。

高校体育公共服务供给发展模式有四种，这四种模式又各有优点。行政供给发展模式一般情况下规模大且影响力强，但受规模和影响力等因素影响的短期效应比较突出。相比之下，自愿供给发展模式更具可持续性，在一定程度上能够弥补行政供给发展模式的这一缺陷。基于市场的服务供给模式虽然具备巨大的潜在优势，但其在高校体育公共服务方面的应用颇受限制。混合供给发展模式结合了前三种供给发展模式的优点，具备很大的灵活性，对于扩展高校体育公共服务供给发展模式有着积极的意义。

第二章　文化视域下我国民族传统体育的发展现状及趋势

第一节　我国民族传统体育的概念与特点

一、我国民族传统体育的概念

广义的中国民族传统体育，是对中国人民生活地区实行的、有着中国民族传统文化特征的体育项目的汇总。

《体育史》一书记载，民族传统体育是指近现代以前的多种体育竞技和娱乐活动[①]；在熊晓正的文章《机遇与挑战——对我国民族传统体育发展之浅见》中，民族传统体育被定义为："在近代体育引入之前，已经存在于我国，并被各民族广泛接受，且至今仍保留其独特的体育模式、社会表现形式和价值观的一种体育活动。"[②]

也有部分学者提出了不一致的看法，例如，熊志冲主张："中国传统体育源远流长，在华夏大地上诞生，根植于中华文化，自古以来代代相传，涵盖了所有在外引进并扎根国内发展起来的体育活动。"[③] 此外，一些

① 全国高师体育系体育史编写组．体育史[M]．全国高师体育系《体育史》,1983.

② 熊晓正．机遇与挑战——对我国民族传统体育发展之浅见[J]．成都体育学院学报,1988(4):21－28.

③ 熊志冲．传统体育与传统文化[J]．体育文史,1989(5):4－9.

学者从文化学的视角出发，避开了时代限制，将民族传统体育视为“体育文化密码”，并认为它是包含汉族等多元民族体育的重要构成部分。我国各个民族传承并保留了数量庞大的传统体育项目，它们是我国宝贵的体育文化遗产。除此之外，还有一些人经过探讨认为：“民族传统体育”是一个或者多个民族在特定地区开展的，并在今天依旧有着极大影响力和辐射力的体育运动项目的汇总。

上面观点的分歧，只是站在了不同的视角。

中国传统民族体育是中国悠久历史和文化不可分割的一部分，同时也是中国古老的健康体系的重要组成部分。它包括深受各个民族喜爱的民俗运动和一些少数民族特色的传统体育运动，以及在各个民族中广泛流行的许多运动项目。中国民族传统体育的形成受到自然环境、地理条件、社会历史发展以及少数民族自身的多种因素的共同影响。正确理解我国少数民族传统体育思想需要关注以下问题。

首先，把民族传统体育视作一个完整系统，将其分割或者隔离都是不科学的。其次，在中国，民族传统体育事业正在有序发展，因此需要准确界定其内涵和外延。这一界定既不能过于笼统，也不能过于狭隘，而应该符合中国的实际情况。最后，民族传统体育是各个民族传统文化不可或缺的一部分。它不但是一种健身和休闲的运动，而且是一种独特的教育形式，能够帮助人们锻炼身体，增强体质和技能。

伴随着人类社会不断向前发展，人们对体育的认识也在创新与日臻完善。民族传统体育是一种包含各种身体活动的术语，指的是特定民族在一定范围内从传统社会继承下来的活动。这些活动有着显著的民族文化特色，并且能够逐步改善人们的身体生理特征。

二、我国民族传统体育的特点

（一）较强的生命力与凝聚力

中国作为一个具备悠久历史和灿烂文化的大国，在漫长的历史进程中，渐渐形成了有着独特特色的民族体育文化。在长期的发展中，中国一直侧重农业经济，并慢慢形成了以农业文化为重点内容的传统文化体系。因此，农业文明在中国传统文化的形成中扮演了关键角色。已有相关研究表明，中国传统文化不但与农业制度有着密不可分的联系，而且在物质层面和精神层面上也紧密地依托于它的基础。

中国传统文化之所以长盛不衰，主要归因于两个方面。首先，中国地理上的优越条件为农耕经济的自给自足提供了重要支持，并推进了农耕文明的发展；这种模式已经对中国的全面和深入发展产生了重大影响。其次，中国的传统文化以其独特的统一性、包容性和延续性与其他文化有所区别，这些特点为中国民族传统体育的发展提供了有力支持。

中国传统体育项目许多都建立在农业基础上，并具备独特的特色。例如武术文化，如“少林拳”和“陈氏太极拳”等，都源于农业地区，其中，河南是它的发源地之一。历史记录表明，夏商周时期的核心区域包括今天的河南省中北部、河北省西南部和山东省西部。这些地区是中国最早的农业区域之一，其自然环境为农业文化的形成提供了有利条件。在农耕文化的影响下，中国传统体育越来越繁荣，传承不断。

综合考虑各种因素，得益于农业文明的高度发展，民族传统体育在中国得以广泛普及和发展。相对于国外的体育文化，中国的体育运动和文化存在较大差异。随着“一带一路”倡议的推进，中国地理独特优势和民族传统体育将继续为全球健康事业做出重要的贡献。

（二）鲜明的主体性和整合性

中华文化历史悠久，经历了各种变迁，蕴含着独特的文化底蕴和内涵。中华文化的物质和非物质遗产，以及其中的风俗习惯等，对全球产生了深远的影响，吸引了来自海内外的数不清的游客，前来汲取中华文化的智慧，领略中华文化的魅力。伴随现代社会的繁荣发展，人们对运动和健身的需求日趋增加。与西方的竞技体育相比，我国民族传统体育更温和，运动量和强度相对较低，对身体的伤害也很少。相对于竞技体育而言，民族传统体育更适合那些寻求休闲健身的人，尤其是中老年人。中华民族传统文化的精华在于民族传统体育的优越性，这种优越性表现出明显的主体性和整合性。中国是世界上四个历史悠久的文明古国之一。中华民族在漫长的历史进程中，逐步发展出了独特的历史文化体系。中华民族在这种体系的驱动和影响下，取得了不断的、持久的发展。这个文化体系包括思想文化、道德体系、文艺领域、体育文化等多个方面，内容丰富多彩。中国是一个多民族国家，这一特点带来了丰富的文化因素，促进了民族传统体育的成长和发展。各个民族在继承传统体育文化的基础上不断寻求创新，慢慢形成了具备本民族特色的体育文化。同时，许多传统的体育运动项目也融入了各民族独特的元素，与整个中华民族的文化系统相互关联，延续发展。

在中国传统文化的熏陶下，民族传统体育呈现出了独特的特色。各民族传统体育的不同特征是由不同历史时期，社会政治、经济、宗教和民俗等因素的影响导致的。在这些因素的共同影响下，中国传统体育文化形成了明显的传统特色。我们一直重视传承和宣扬这种独特的传统文化特质。在漫长的历史进程中，我国传统的民族体育活动受民间影响较深，主要源于地方传统风俗，呈现明显的民俗文化特色。重要节庆时，有大量民众参与不同的庆祝活动，从而丰富了民族传统体育文化内涵。那达慕运动会是代表蒙古族文化的重要盛会。这个每年举行一次的民族传统体育盛会包含射箭、摔跤、赛马、拔河等各种民族体育项目，不断推动蒙古族体育文化的进步。苗族有多个传统节日，但“起秋”和“跳年会”是其中极为重要的。在这些节日期间，人们会参加一些传统的体育活动，比如跳鼓、射箭、赛马、爬竿等。这些体育项目得到了更多的发展机遇，因为全民健身运动的兴起丰富了人们的精神文化生活。

中国传统体育的主体性特征十分明显，这为其发展延续提供了有利条件。伴随时代的变迁和发展，这种特征会逐渐在与其他文化互动和交流过程中演化成为一个多元文化的媒介。中国传统体育要持续进步发展，必须遵循这个条件。例如，印度佛教传入中国，在经历了数个王朝的变迁和融合中华传统文化后，最终形成了具备中国特色的佛教思想。宋明时期的理学在这个背景下悄然形成。中国的少林武术不但在国内而且在全球范围内产生了深远影响。该武术门派融合了佛家思想，结合禅宗的武学观念，最终创造了一套技艺高超、完备的武术体系。

我国地理跨度广，从东到西、从南到北，包括56个民族聚居的区域。这些民族在历史的漫长岁月中创造了各种丰富多彩的文化遗产，其中就包括独具特色的传统体育项目。这些传统体育项目不仅是运动方式，还承载了文化传承和表达的意义。它们以动态的形式传递民族文化和价值观念，成为我国文化多样性中不可或缺的组成部分。我国独特的体育文化体系是由与中华文化紧密交融、相互影响、相得益彰的传统体育项目共同塑造而成的。我们必须重视这些传统的体育项目，并将它们传承下去，使其在我们的生活中持续发扬光大。

（三）持久的激励性

中华民族历史悠久，它的漫长发展历程受到社会政治、经济、文化、民俗等多种因素的影响，因此形成了独具特色的民族体育文化体系。中华民族的传统体育由于其持久的鼓舞人心的特点而著名，这种特点让它极具活力，一直发展至今。

中国拥有悠久的历史，其丰富的文化底蕴对各领域及各民族都产生了深远影响。在传统文化的影响下，人们对自己国家的归属感和认同感得到了加强。从中能够得出结论，民族传统文化的鼓舞力是长久的。

在中国的历史演进中，儒道思想对社会产生了深远的影响，其中，儒家文化主导着中国文化的传承。中国传统体育在这样的文化背景下得到逐步发展，儒家文化也成为中国传统体育的文化源泉。中华文化深深融合了儒家思想的人文理念，对国家的意识形态产生了深远影响。“罢黜百家，独尊儒术”是这种影响的一种具体表现。中国的体育道德不但秉持修身为国的价值观，而且与儒家思想文化中“内圣外王”的人生价值观密不可分。中国传统体育文化受到儒家倡导的“和”文化的深远影响，强调人与自然的和谐统一。这是一种独特的特色，是西方竞技体育没有的。

儒学主张“和”是中心，强调“和为贵”“和而不同”“天人合一”等理念，这些思想已经广泛渗透到了我国社会、文化等各领域。随着时光的流转，在武术竞技中，不但注重技巧比拼，而且强调核心价值，如“始于礼，终于礼”“遵守规则，尊重对手”“以和为贵”等，这些价值代表了中国传统体育中的“和”文化。在提升集体主义精神和弘扬民族利益方面，这种思想至关重要。

中华民族的传统体育文化已经逐步成为历史长河中的重要象征。这些传统体育文化表达的精神价值深深地感染着每个人，并增强了国家的凝聚力。这种文化对中国的社会主义现代化建设和中华民族伟大复兴有着长远影响与重要意义。

（四）极强的包容力

中国拥有漫长的历史和文化传承，历经五千年的发展过程。在不同文化之间的互相碰撞和融合中，形成了丰富多彩的文化体系，其中包括传统体育。我们的传统文化呈现了包容并蓄的特色，这是由多元文化间的交融造成的。由此可以推断出，中国各民族拥有的文化都具备其独特的特色和意义。当其他文化元素融入中国传统体育时，可能会出现被吸收或被排斥的情况。这种机制促进了民族传统文化的保留和持续发展。要保持和发展民族传统文化，就需要运用吸纳排斥机制。中国传统体育文化能够结合吸收其他文化元素，进而使整个文化体系变得更加充实和完善。同时，这一过程能够不断进行。中国传统体育受到中国传统文化的影响，表现出独特的个性，而且具备强烈的包容性。特殊的文化共同体源于不同民族的传统体育文化的融合。

我国有许多少数民族，每个民族都有其独特的文化。在我国丰富多样的地理环境下，齐鲁、吴越、秦等地域文化在漫长的历史进程中得以孕育。中国传统文化还涵盖了多个不同学派的文化，如儒家思想文化、佛教文化、道教文化等。中国在这种环境下形成了一个丰富多样的文化体系。中国传统文化以融合包容为特征，同时也能推动不同文化之间的相互融合。以我国传统武术为例，武术的内容随着时代的变迁和发展也进行了不断的充实与完善。传统武术分为套路和格斗两个体系。套路包含各种项目，包括多个拳种、流派和拳种之间的相互借鉴与吸收，进而实现了共同发展。

综上可以得出结论，中国传统体育文化十分具有活力和包容性，在与其他文化相互交流的过程中，能够汲取其中的优质因素并实现更大的发展。正因如此，中国传统体育文化能够持续不衰并展现出独特优势。

（五）较强的辐射力

中华民族传统体育文化的吸引力和辐射力极为显著，不但能够容纳和融合异质文化，而且能够对其他文化产生影响。中国的历史悠久而漫长，其周边国家如日本、朝鲜、韩国等深受中国传统文化的影响。这种影响已经广泛渗透到他们的政治、经济和社会等各个方面。儒家文化圈是由中国传统文化对东亚各国产生深远影响而形成的。中国传统武术对韩国的跆拳道、日本的柔道等传统体育项目有很大的启发作用。这些项目体现了中华民族传统体育的辐射力和强大影响。

第二节　文化视域下民族传统体育的发展现状

一、民族传统体育理论建设发展现状

我国传统体育项目历史悠久，涵盖多种类型，蕴含着丰富的中华民族传统文化。随着时间的推移，建立一个巨大、长期可持续发展的自身体系，必然需要对传统体育理论进行重构和探索。研究传统体育社会发展的规律及其相互关系，并从整体上总结归纳其内在特征和外在特征，可以探究传统体育的一般原则和普遍特征。它提供了一些基本原则和基础知识，可以探索传统体育的具体情况，并确保传统体育发展的科学性。

（一）民族传统体育历史与文化的发展

在中国悠久的历史中，文化的演变与发展一直是一个不断延续的过程。我国民族传统体育作为一种运动项目，也是一种文化表现形式，在历史进程中不断发展壮大。中国民族传统体育运动历史悠久，融合了中国古

代各个历史时期的文化元素，并以个体农业经济的发展为基础，以宗法和家族制度为背景，构建了以儒家道德伦理为核心的文化社会体系。这些因素对民族传统体育的形成产生了深远影响。近年来，传统体育工作者意识到传统体育是一项富含文化元素的体育项目，与预想不同。在深入研究我国民族传统体育时，应慎重考虑文化、历史两种不同的影响因素和其他环境因素，并对其历史及文化发展问题进行综合分析。

现阶段，我国绝大部分的研究者均致力于民族传统体育的深入探究，并且发表和出版了一大批结合文化与历史等因素解析民族传统体育的学术文章及著作。比如，《民俗学概论》《中国少数民族文化通论》《武术学概论》《中国武术文化概论》《中国武术——历史与文化》《传统体育与传统文化》等。除此之外，借助历史资料考证的大量有关民族传统体育的著作也相对丰富起来。比如，国家体育总局武术研究院编著的《中国武术史》、国家体育总局文史委员会编著的《中华民族传统体育志》及个人著作《中国古代体育史》《云南少数民族传统体育的起源与发展》等。

对中国古代历史和传统体育文化的学术探究，能够极大地丰富和完善民族传统体育的基础理论知识，也能够对民族传统体育开展更多的动态探究，而不仅把它当作一般的体育形式来探索。深究其原因，是由于民族传统体育有着历史悠久、民族众多、运动项目十分丰富、分布范围广等特征。所以，对一种或者一个地区的民族传统体育项目开展探究时，不论是从历史记载方面，还是从地理考究等方面，都面临着十分艰难的困境。另外，对民族传统体育开展历史和文化的探究，还应当包含政治、地理、风俗、经济、社会等诸多方面。

在中国古代历史长期发展的过程中，我国民族传统体育在形式和内容上均产生了巨大的改变。与预想不同的是，近年来，人们已逐步从简单的体育领域转向从历史文化的角度探究我国民族传统体育的产生、演变和发展规律，探究民族传统体育的发展历程，进而全方位了解和解析民族传统体育的特点与层次，深入了解社会发展的规律。同时，探究中国民族传统体育历史与文化，对于揭示和发现民族传统体育在中国古代历史上的地位与创造的社会价值，有着十分重大的意义。

（二）民族传统体育理论体系结构的发展

民族传统体育教学是一门相对独立的专业基础课程，具备自身的理论体系和理论方法。构建该课程的理论方法结构框架，几乎决定了课程的内容、涉及的领域和对象。因此，该课程理论方法的构建具有基础性和指导性作用，对课程建设至关重要。就某种角度而言，理论体系的框架确定体现了本学科的本质和特点，代表了对民族传统体育学科的总结和阐释。因此，深入研究理论体系的结构对民族传统体育学科的发展至关重要。

目前，我国已经有不少学者从不同角度对民族传统体育的理论体系框架展开了总结和分类。总体而言，研究可以归为基础研究、应用研究和跨学科研究三个层次的体系结构。其中，基础研究涉及民族传统体育的起源和分类，以及它的功能和特点等知识系统。有些研究重点在于研究民族传统体育学的发展，并对其中的一些难题和领域开展探索，形成这一学科的应用研究。例如，现代化、市场经济、国际体育与民族传统体育的关系等。跨学科研究，是指在民族传统体育学基础和应用研究的过程中产生的一门涉及其他学科知识的广义、扩展性学科。例如，探讨民族传统体育经济方面的民族传统体育经济学、探究武术文化在社会发展中的影响和作用的武术文化学，以及探讨武术养生与医学关系的武术医学。

然而，这些调研往往源于调研者的个人兴趣，而未深入挖掘其更深层次的意义。因此，对在中国少数民族地区开展民族传统体育活动过程中所遇问题的分析不够科学。囿于当时的历史环境以及缺乏科学文化知识，这些调研很难达到高水平。中华人民共和国成立后，民族传统体育理论的研究慢慢进入有序开展的阶段，进行了具备科学意义的探索，在民族传统体育各个领域取得了丰硕的研究成果，出现了众多高水平的著作和研究文章。20 世纪 80 年代以来，民族传统体育得到了广泛的研究和学习，取得了一系列显著的成果。这些研究涵盖体育项目的历史渊源和分布、具体健身方法和其强大的功能、运动损伤以及民族民间医药等方面，得出了系统和深入的结论。综合来看，对民族传统体育的研究还处于初级阶段，主要原因是我们对其的探究仍旧存在许多难题。以下几点格外明显。

首先，我国民族传统体育学起步较晚，但现在已有越来越多的人开始关注并进行基础探究、历史发展、种类内容和特点等方面的研究。同时，文化与经济的关系也有学者进行探讨，但还有欠缺，无法满足社会需求。

其次，我国民族传统体育起源于武术，并随着改革开放得到了广泛发展与关注，对其他领域的研究却显不足。因此，民族传统体育常被限制于对武术领域的认知。例如，1992 年发布的《中国国家标准：学科分类与代码》中，将武术的理论与方法归为体育学科的下属学科，而当时尚无民族传统体育学的体系与分类。直到 1997 年，民族传统体育学才被纳入具体的体育学二级学科，其主要研究都关注武术理论及实践方法。可见，民族传统体育学科的发展停滞不前，明确性关键要素如学科界定、研究对象及其方法、内容范围、理论基础以及结构框架等依然缺失。

最后，探究民族传统体育的学者以高校教授和国家体育总局从业人员为主，围绕该学科建立相对稳定的学术团体和传播体系是其作为独立学科获得认可的必要前提。可是，目前该领域的研究仍未受到充分关注。迄今为止，我国的民族传统体育学仅有两本非专业书籍。一本是 2000 年人民体育出版社出版的《民族传统体育概论》，由曾宪亮和于永久合著。另一本是 2003 年高等教育出版社出版的《中华民族传统体育概论高级教程》，由周伟良主编。不过，这两本书在有关民族传统体育的概念、探究对象以及探究领域方面，尚存在一定程度的差异。

因此，伴随民族传统体育作为新兴学科的日渐发展和丰富，其理论体系框架目前尚处于初级发展阶段。跨学科研究方面的探索将逐步创新和充实，需要在未来相当长的时间内不断发展和完善，以至理论体系逐渐成熟。

（三）民族传统体育其他理论研究的发展

1. 民族传统体育的内容与分类

我国民族传统体育项目众多，分布于全国各地，研究其内涵与类别乃至关重要的基础问题。

当前，我国学者对于民族传统体育的内容和分类存在不同看法。他们以数量、民族类型、地理分布、项目占比，以及价值功能等多种不同的标准进行划分，导致民族传统体育的内容和分类呈现出多种不同的模式。探究不同角度下的民族传统体育，对民族传统体育学科的理论研究和发展都十分有利。

2. 民族传统体育与其他体育的比较

在当代体育界，每个体育项目都受到全球体育文化的影响，没有独立存在的可能。中国独有的民族传统体育项目，也需要与世界体育趋势融合，一起促进共同繁荣。

目前，我国许多传统体育从业者和学者正在积极研究这一理论，以期在探索国内传统体育的同时，与其他体育开展对比研究，尤其是中西方体育项目的特点和价值功能等。这种比较研究有助于发现各自的独特之处，提升各自的优势，并实现更完善、互补的整合，推进我国民族传统体育的发展。

3. 民族传统体育的社会学研究发展

体育学领域的人文学科主要探讨体育与人、体育与社会之间的相互关系和基本规律。借助人文社会学的视角，深入剖析体育这一社会现象，可以为体育社会文化的传承与发展方向提供理论基础，并在体育政策制定、完善、执行等方面发挥十分重要的作用。

民族传统体育属于体育运动范畴，具备体育运动特征和功能，同时也超越了传统体育运动，其中，中华武术最具代表性。作为跨学科研究，民族传统体育的社会学研究需建立在体育人文学科理论的基础上，重点研究其独特特色及人与社会的相互关系。尤其对民族传统体育如何影响和塑造特定社会阶段人们的价值观，需要进行更深入和广泛的研究。目前国内的研究主要集中在生理和心理两个方面，但仍需要进一步加强深度和广度。

4. 民族传统体育的发展战略探究

宏观政策对事物发展的影响至关重要。为促进民族传统体育的长期稳定发展，必须探索符合当前时代的战略方案。我国政府一直高度重视民族团结和民族事业的发展，将民族平等、民族团结、共同繁荣视为国家的重要战略。同时，将推进民族传统体育作为民族工作和体育工作的重要组成部分。作为各民族传统体育项目的综合体，民族体育运动会为我国民族传统体育事业的积极稳定发展提供了有力支持。尤其是“文化大革命”后，民族体育运动会得以重启，并快速健康发展。2003 年举办的第七届全国少数民族传统体育运动会的科学论文报告会也明确指出，我们应关注民族传统体育运动发展方向和前景等问题的深入研究。

目前，我国正处于关键的社会转型和社会主义现代化建设阶段，为了将民族传统体育融入国家现代化建设，制定发展策略和政策已成为当务之急。

二、民族传统体育项目实践发展现状

近年来，我国在民族传统体育理论建设方面已经取得了长足的进展，涵盖了宏观民族传统体育理论体系及微观单项民族传统体育的研究。在历史层面，我们开展了纵向探究；而在文化层面，我们开展了横向剖析。这些均表明，民族传统体育学科理论建设正在迎来繁荣期。作为实践中的理论结晶，民族传统体育理论的高度发展不但提供了自身发展的理论导向，而且促进了民族传统体育在教、竞、训和大众社会体育等方面的进一步丰富与发展。

然而，我国民族传统体育项目繁多，许多项目有着相似之处，还有一部分项目属性尚未完全明确；地区发展不均衡，受到历史、文化、社会、民俗等多种因素影响，这些导致我国民族传统体育项目的发展表现出极大的不均衡性。

（一）健身、娱乐类民族传统体育项目的发展

总体而言，我国各个民族在不同历史文化条件下创造并发展起来的民族传统健身项目具备健身性、传统性、民族性、趣味性、群众性、普及性以及对抗性等诸多特征。这些体育项目有着极大的社会影响力，参与人数众多且延续时间长、地域跨度广泛。所以，民族传统健身项目在世界体育

文化中独树一帜。此外，中国人口众多且条件（经济条件、风俗习惯、年龄层次、职业、地域等）各异，赋予了民族传统健身项目丰富的内涵。不同项目在不同条件下的流行情况也迥然不同。

我国一些民族传统体育项目通过逐步改革和实践，慢慢向竞技化方向发展。然而，许多具备较高健身、娱乐价值和功能的项目，已经与历史和社会潮流相适应，并融入普通民众的日常生活。

我国各区域民族传统体育项目分布十分广泛，大众健身、娱乐项目及活动的发展状况也各不相同。当前，这些活动主要表现为以地域为主的少数民族传统体育项目，以节、会为主的各种集会，以健身为主的大众健身娱乐项目及以地方协会为组织者的各种活动等。

1. 以地域为主的少数民族传统体育项目

该类民族传统体育项目由于蕴含大量的民族独特元素，完美融入地方传统文化，所以仅在少数民族或者特定区域内得以流传，如苗族的爬花竿、壮族和瑶族的抢天灯、内蒙古地区的叼羊等。

2. 以节、会为主的各种集会

各地集会形式丰富多彩，影响面十分广泛，如苗族的拉鼓节、地方和全国性的舞狮大会、内蒙古的那达慕大会、世界太极拳健康大会、温县国际太极拳年会等。

3. 以健身为主的大众健身娱乐项目

该类民族传统体育项目通常情况下是由汉族和少数民族共同开展的，如放风筝、传统武术、象棋、中华养生术、跳绳、老鹰捉小鸡等。这些项目普及性相对较强、易于推广，是我国传统体育项目在社会发展中的主要内容。

4. 以地方协会为组织者的各种活动

该类体育活动的形式是以协会为组织单位，以协会会员为主要参与者。例如，地方登山协会举办登山旅游活动、地方武术协会组织传统武术交流大会及活动，以及围棋协会主办友谊围棋比赛等。

总体来说，我国少数民族传统体育活动以民俗游戏为主，休闲性比较强，并不具备与西方竞技体育相同或者类似的成分。在当今许多运动项目不断竞技化的情况下，中国少数民族传统游戏仍旧保持其独特的生活情趣，有着以人为本的运动休闲特性，丰富多彩的娱乐和健身内容备受人们关注，为现代大众体育提供了源源不断的健身素材，所以，应当视为我国全民健身计划的有效途径和重要形式。

（二）竞技、表演类民族传统体育项目的发展

我国民族传统体育多为休闲型游戏，少有与古希腊竞技相同或者类似的内容。但随着社会的发展以及西方体育的引进，一些传统的民族体育项目在实践和改革中逐步演变为竞技性与表演性更强的与西方体育项目相似的类型。随着国际体育竞技化趋势，一些竞技和表演类的民族体育项目日趋完善，符合奥林匹克“更快、更高、更强”的竞技要求。现在这些项目已经成为我国少数民族运动会中较为规范的竞技体育项目，并且在竞技体育项目中扮演了重要的角色。

中华人民共和国成立后，武术作为民族传统体育项目不断发展。作为民族工作和体育工作不可或缺的一部分，党和政府高度重视推广发展民族传统体育运动，为了推进现代体育项目的发展，一方面不断挖掘和整理民族传统体育项目；另一方面有针对性地进行引导和扶持，举办各种形式的比赛和表演活动。这些活动产生了积极影响，成为展示民族传统体育活动的窗口，深受国内外好评。

20 世纪 80 年代后，受政治因素影响，武术竞赛活动一度陷入停顿，但随后迎来了全面复苏，并进入了快速发展期。此外，其他形式的比赛，如邀请赛、对抗赛、争霸赛和全国大学生武术比赛也相继举办。还有一些全国性的运动会，如全国大学生运动会、全国中学生运动会、全国农民运动会、世界大学生运动会和全国少数民族运动会等，都将武术列为正式比赛项目。与此同时，武术比赛也呈现出新气象，如太极推手、散手和国际武术比赛都迅速兴起。这种新事物的涌现不断推动着武术的发展，加速我国武术事业跃上新的高度。

1999 年，国际奥委会通过决议承认国际武术联合会为正式组织。目前，国际武术联合会共有 158 个成员，分布在全球各大洲。21 世纪初，我国成功申办 2008 年奥运会，武术被正式纳入全球综合运动会项目。

随着时间的推移，国家的相关政策逐步调整，全面扶持民族传统体育项目的发展，尤其是那些强竞技性、高表演价值的项目，已更早地融入各类运动会中，如全国少数民族传统体育运动会、全国武术套路和散手比赛、全国舞龙舞狮比赛等。同时，项目竞赛规则也逐渐完善。例如，2003 年的《少数民族传统体育项目竞赛和表演项目规则及裁判法》中，对抢花炮、珍珠球、蹴球、木球、秋千、民族式摔跤、马上项目、射弩、打陀螺、押加和表演等项目规则，做出了详细规定和说明。尽管一些武术项目有特定的竞赛规则，如经过修改的 1997 年的《武术套路竞赛规则》和 1998 年的《武术散手竞赛规则》，但是由于民族传统体育的特殊性，我国仍有许多民族传统体育项目的竞赛规则不完善，这些规则很难准确量化多种因素。因此，为促进我国少数民族传统体育运动的发展，2003 年，我国主办了第 7 届全国少数民族传统体育运动会，并在竞赛表演项目的规则中明确规定了“可采用丈量、计时、计分、计环、计数”等方法来分出胜负。同时，对表演性较强的武术套路竞赛规则进行了多次修改和制定，已逐步转向以量化方法客观评判比赛成绩的发展趋势。

目前，我国各省区专业队、省市竞技体校等均以训练和比赛为主要目标，以竞技和表演为主导的民族传统体育项目仍持续占据主导地位。但因多方面原因，目前，民族传统体育训练尚未形成完整体系。除了武术竞技项目外，其他专业训练都分布在不同高校的表演团体和全国各地民族传统体育项目训练基地。但这些资源数量微乎其微，缺乏系统的训练体系。因此，要在专业训练方面进一步发展和完善民族传统体育，尤其要对具备竞技性的项目进行挖掘和改革，而建立丰富和完善的训练体系，摆脱以武术等少数项目为主的尴尬境地，是极为关键的。

（三）民族传统体育在学校体育中的发展

我国民族传统体育项目具备简单易学、趣味性强、活泼生动等特征，同时蕴含丰富的民族文化内涵与特色，可提供良好的娱乐、健身和教育功能。把其纳入学校体育教学中，不但丰富了学生的体育生活，而且为学校体育增添了本土风情，打破了西方竞技体育教学的主宰地位。

中华人民共和国成立后，一些具有民族传统文化的体育项目逐步被纳入学校体育教材，如武术、八段锦、五禽戏等被纳入《九年义务教育体育教学大纲》。同时，部分地区也将赛马、摔跤、射箭、龙舟、秋千、木球、踢毽子等项目列为学生课外锻炼选项。还有许多高校提供民族体育专项保健课程，同时，加入了武术、摔跤、围棋等具有地方特色的传统体育项目，并成为学校课程之一。

目前，我国在学校体育教学中，正积极推动和发展民族传统体育项目。这种推动与发展具体体现在以下两个方面。

其一，在少数民族聚集的省份和地区，应重点推广本地少数民族传统体育项目，如内蒙古自治区和贵州省的“角力运动”，以及在西藏地区开展的“民族舞蹈”等，以提升学校体育教育质量。

其二，许多学校在汉族聚集的省份和地区，广泛推广了传统民族体育项目。例如，北方和中原地区的学校会组织“跳绳”“拔河”等活动。

在校园体育教育中，因为不同地区的民族传统运动项目存在地域性差异，所以一些项目与教育脱离了联系。少数民族传统体育项目将因此受到影响，有可能消失。学校运动课程尽管已经在不同程度上实践和推广了许多传统民族体育项目，但是这些项目具备地域特色，对它们的长期发展不利。要保障全国各地民族传统体育项目之间的沟通和协调发展，需要逐步消除由地理因素带来的不良影响。这将是我国民族传统体育在教育领域迈出的重要一步。

民族传统体育项目强调人、群体和自然的和谐，注重健康和娱乐，倡导完善人格和身心健康，因此，可视为学校体育教学的有益补充，对推进学生健康成长和发展学校体育教育有着十分重要的意义。借助参与民族传统体育活动，学生不但能锻炼身体，而且能了解我国各民族的特色和深厚文化。学校教学中开展这种体育项目对提升学校素质教育水平起到了积极作用。将我国民族传统体育纳入学校体育教学，具有重要价值和积极作用。

三、民族传统体育在现代体育冲击下的衰退

伴随西方体育运动和文化的全球传播，中国传统民族体育活动面临着严峻的挑战。在城市生活和教育的影响下，中国的传统文化和体育已经开始衰落。尤其是汉族传统体育，受到了更严重的打击。此外，相比汉族地区，许多经济和社会发展滞后的少数民族地区，其传统体育文化也在20世纪80年代末和90年代出现了繁荣与衰退并存的境况。这些现象表明，民族传统体育文化面临着危机和挑战。

近年来，国内外对少数民族传统体育文化的研究和整理越来越多。例如，鼓舞活动是湘西苗族文化的珍宝之一，这项传统文化在国内外得到了大力推广和展示。但实际上，这些传统文化的发扬却面临极大困境。尽管鼓舞表演者的技艺越来越高超，但本地的苗族人越来越少，而真正热爱鼓舞和懂得打鼓的传承人也越来越少。同样，汉族地区也存在类似问题。湖北襄樊地区曾流行的传统民间体育活动，如舞狮、舞龙和高跷等，现在已经鲜有人知，甚至连当地的学生也很少见到这些活动。这些活动已经逐渐消失，不再是民族情感的真实体现，而只是为了强调民族特色而存在的表象。

在现代体育文化的潮流下，民族传统体育文化面临着前所未有的挑战。那些早已衰落的传统体育活动，仅仅作为一种浅薄的民族特色符号而被保留。在这个过程中，我们应该认识到民族传统体育文化的价值和意义，为其传承与发展提供保障和帮助。首先，需要采取有效措施来促进传统体育文化的保护和传承。我们可以通过编写教科书、开设课程等方式，将传统体育文化介绍给学生和普通民众，并激发他们对传统体育文化的兴趣和热爱。另外，我们可以建立民间团体，如少数民族文化促进会，借此通过组织、举办活动等方式促进传统体育文化的传承。其次，政府和相关部门需要投入更多的精力与资源来支持传统体育文化的保护及发展，这会促进全国范围的传统体育文化团体和机构进行有效的培训与研究，使他们

能够更好地传承和发展传统体育文化；还可以通过加强文化交流，提高民众对中国传统体育文化的认识和了解，以增进人与人之间的情感和相互理解。最后，在现代化和全球化的浪潮中，我们需要注意保护传统文化的多样性和本土性，更加积极地鼓励人们主动传承本土的传统文化和体育活动，保障它们的权益和发展。这样，我们就能更好地保护和发展民族传统体育文化。总之，现代化和全球化给传统民族文化与体育带来了挑战，但我们不能放弃其发展和传承工作。我们应该采取积极的措施来保护和发展民族传统文化，促进文化多样性和本土性，为文化传承和民族团结奠定坚实的基础。

第三节　文化视域下民族传统体育的发展趋势

一、文化视域下民族传统体育的发展前景

（一）民族传统体育的科学化发展

当前，随着全球化、信息化的加深和创新技术的发展，社会日新月异，各种事物的发展也呈现出新的趋势。在这样的背景下，科学发展观的重要性愈加凸显。民族传统体育作为中国优秀传统文化的重要组成部分，同样需要向更具科学性发展。民族传统体育的发展必须遵循科学发展观，这是其发展的必然趋势。

民族传统体育需要适应国家现代化建设，因此必须科学化发展。这不但是其自身发展的需要，而且是与国家现代化建设相融合的客观要求。只有科学发展，才能符合国家政策及时代发展的需要，为传统体育的可持续发展奠定基础。科学发展从理论到实践都需要全国的大力支持，如此才能不断深入探索，沟通交流，开展多方面的建设。

以武术为例。自古以来，武术就是中华优秀传统文化的瑰宝之一，凝聚和传承了中国人民丰富的文化积淀。在我国地域广博、民族众多的环境

中，各种不同的流派逐步发展起来，形成了独特的风格和传承方式。然而，仍旧有很多武术技能和知识等尚未得到严谨的研究与系统的梳理，导致其传承发展存在一定困难。因此，武术的发展必须遵循科学发展观，实现真正的科学化发展。

为实现民族传统体育科学化发展目标，需要建立一个由理论建设、市场拓展、人才培养等多个机构构成的系统，需要引导和鼓励专家学者积极探索更加科学合理的训练方法。要重视市场拓展，使传统体育通过多种途径走向社会，让更多人分享传统文化的美好。在人才培养方面，应该注重培养新一代民族传统体育人才，不断增加传统体育人才储备，提高民族传统体育在全社会的普及程度。这些方面的系统完善，是民族传统体育走向科学化发展的基础。

总之，民族传统体育是中华优秀传统文化的一个重要组成部分，其科学化发展具有十分重要的意义。为实现民族传统体育科学化发展目标，我们需要不断构建完善全面细致的体系，提高科学发展观的意识水平，加强理论、市场与人才等各个方面的基础工作，推动中国传统体育的可持续发展，在全球化背景下树立中国国家形象，展示中国独特文化魅力。

（二）民族传统体育的产业化发展

1. 民族传统体育产业化发展的条件

（1）民族传统体育产业化市场体系的不断完善。

尽管当前我国正处于社会主义初级阶段，市场化和商品化仍旧有待完善与提升，但是在市场体系中，不同市场之间存在相互依赖、相互制约和相互促进的关系。在特定阶段，某些市场可能受到各种条件的限制而得到保护。然而，从充分发挥市场调节功能的角度来看，市场应该是开放和统一的。

伴随着我国改革开放的逐步深入，国家综合实力得到了明显提升，人民的生活水平和质量也得到了极大改善。然而，与西方发达国家相比，我国的综合国力和人民的生活水平还比较低。从经济学角度来看，只有具备强大的整体经济实力，才能够更好地推进我国民族传统体育产业的健康发展。

（2）民族传统体育产业化体制的深化改革。

民族传统体育产业基础相对薄弱，起点较低，其产业化复杂，需要投入大量资金，因此会面临严重的资金短缺难题。在这样的背景下，需要政府发挥作用，出台合理政策法规，提供财政支持。要鼓励社会力量和个人参与投资，重点推动项目经营、场馆基础设施建设。

另外，实现民族传统体育行业的产业化应该从培养和规划市场入手。政府应该发挥重要作用，给市场体系注入动力，以期实现标准的完善。考虑每个地区的特点，包括区域特征、民族特色和实际情况，搭建以传统体育文化、竞技展示和体育旅游为核心的市场。在整体管理和引导下，政府主导行政工作，并辅之以支持和培训。

当前，应加强民族传统体育市场体系建设，并实施科学合理的法律管理，使全行业的企业和机构真正实现自主经营、自负盈亏与自我发展良性循环。只有这样，才能确保民族传统体育产业在市场大潮中稳步发展。

（3）民族传统体育与旅游等其他产业的协同发展。

如今，旅游业已经成为备受关注的朝阳行业，具备巨大的发展潜力。在我国很多地区，旅游业已经成为经济发展的支柱产业和战略性产业。尤其是在我国西部地区，近年来，积极利用其丰富的人文和自然资源，着力发展以旅游业为核心的第三产业。民族传统体育与旅游业密不可分，其在旅游业中的魅力独具特色。因此，在民族传统体育产业化进程中，应注重与旅游等相关产业的融合，协同发展、共同推进，达到兼顾多方利益、共谋共赢的目的。

（4）加快构建与民族传统体育产业化相关的人才培养体系。

民族传统体育的可持续发展面临人才短缺问题，即推广和传承民族传统体育人才稀缺与从事其经营管理的人才逐渐减少。为进一步促进其传承和发展，可构建利益机制，加强培养和培训相关人才。为满足当前需求，我们应采用短期频繁、高效的方法培训员工。考虑长远发展，应在大学开设相关专业，建立规范的人才培养体系，深入挖掘民族传统体育潜力。吉首大学已在国家民族传统体育基地和民族预科教育领域建立了完善的培养系统。

（5）民族传统体育市场整体运营水平的提升。

总体来说，民族传统体育在推动和促进民族地区经济发展方面发挥了极为积极的作用，其独特、新颖、富于刺激的特点吸引了越来越多的旅游者。与现代竞技体育相比，民族传统体育更具表演性、娱乐性和观赏性，形式多样、内容丰富，在旅游业领域备受关注。

近年来，为了应对市场需求，许多民族地区的旅游公司、旅行社等已经推出了特色鲜明的民俗风情专线旅游产品。同时，伴随大众生活水平的提升以及各种不同的资助和运营方式的涌现，民族传统体育的产业化必将呈现长期稳定增长局面，并创造出巨大的经济价值。因此，我们可以预见民族传统体育产业化的未来发展前景非常宽广，充满着希望。

2. 民族传统体育产业化发展的对策

（1）深入挖掘与开发民族传统体育的经济价值。

①对民族传统体育的经济价值进行科学的定位。

从科学角度分析，对民族传统体育的经济价值展开深入探讨，明确其无形和有形、直接和间接的经济收益。此外，需要区分可持续利用和一次性利用的经济价值，以充分开发其潜在财富。只有理解这些，才能有针对性地开发利用它们的经济价值。此外，科学的定位有助于发掘民族传统体育的特殊价值，并将其推向市场，实现增值，进一步推动民族传统体育产业的发展。

②注重民族传统体育经济价值开发的可持续性。

首先，民族传统体育具备浓厚的地方特色，这是其独特魅力的来源。为了助推民族传统体育产业的繁荣，我们需要巧妙运用这一特点，将其文化价值融入品牌活动，进而打造地域特色浓郁的活动。以此方式，在空闲时间里，人们通过加入活动领悟来自不同地区的传统体育运动蕴含的文化底蕴，进而传承并推广这一特殊的文化遗产。参与者也能以此为机会进行文化交流，展示当地独特的传统体育项目，同时，学习其他区域的特色运动，凸显民族传统体育在经济价值上的可持续利用性。

其次，在发展传统体育经济价值方面，要充分发挥现代科技作用，提高开发效率。对不受欢迎的项目，可适度改造以满足观众需求。改造中应保留文化内涵和特色元素，确保可持续发展。

③采用科学营销策略，加速民族传统体育经济价值的开发。

为了增加民族传统体育的经济效益，可以利用营销策略开展联合开发。对于中小企业，可以运用借力、共生、缝隙营销等策略；对于大型企业，可以运用上述策略以及网络营销策略，快速进入国外市场，获得更大的市场份额。

（2）借助节日旅游平台，发展民族传统体育旅游产业。

中华民族传统文化中的传统节日一直受到广泛关注，除了众所周知的端午节、中秋节等传统节日，我国各个少数民族地区还具备许多各具特色的节日。少数民族的传统体育项目是节日活动的关键内容之一，这些地域特色鲜明的传统体育活动能够增强各个节日的影响力和感染力。因此，在民族传统体育文化和旅游业的发展中，民族节日成为重要的展示舞台，能够最大限度地借助这一平台，吸引更多的游客。

（3）构建民族传统体育产业的信息化平台。

随着信息时代的来临，为了推进民族传统体育产业的发展，应当构建一个信息化服务平台。借助信息导向作用，在信息化服务平台上传播有关民族传统体育比赛、产业合作等信息，并且持续更新和完善，为社会大众提供更好的信息服务，提升民族传统体育产业服务水平。

（三）民族传统体育的网络化发展

我国民族传统体育项目很多，均是从不同民族独具特色的地域和人文环境中演变而来。这些项目大部分都源自民族群众的日常生活和风俗习惯。我国各个民族群众都广泛认同民族传统体育，将其视为精神符号。这些体育项目深深地植根于人们心中，人们极为注重对其的继承和保护。

传统的保护形式似乎无法跟上时代的步伐，所以，在进行保护与传播方面的工作时，需要寻求新的形式和方法。这是因为民族传统体育活动有其独特性，其真实、生动的形象难以完全复原，导致无法充分展示给大众。随着信息技术的日益完善，互联网技术由计算机引领，为保护民族传统体育提供了更有优势的方案。将民族传统体育项目建档并用较大的网络平台进行推广传播，借助检索系统完整地记录下来是一种极为有效的方法。

1. 网络化传播的途径

现阶段，对民族传统体育开展网络化传播的途径有以下三种。

（1）竞技传播。

体育运动最重要的形式是竞技。要展现民族传统体育项目的重要性，竞技形式是不可或缺的。这也是全国少数民族传统体育运动会举办的原因所在，它已经成为我国民族传统体育活动的重点，成为展示这些体育项目的主要平台。全国少数民族传统体育运动会的比赛项目设定，增强了传统体育项目的竞争性。此外，不同省份和地区还会组织相应的运动会与个人比赛，为保护和发扬民族传统体育提供了一个良好的平台，同时还展现了具备民族特色的体育项目。必须承认的是，能够参加全国少数民族传统体育运动会的体育项目只是很少的一部分，其他许多体育项目并未被包含在名单中，这也意味着它们已经无法推广和传承。要保护这一类型的运动，需要从内容和文化两个方面入手，着力提升运动的民族性和竞技性，并将其建立在大众健身娱乐的基础上。这样才能够促进民族传统体育的普及和网络化发展。

（2）教育传播。

学校教育是文化传承的主要方式之一，其重要作用在于传授知识和技术。在推广民族传统体育文化的过程中，最容易实现的就是继承。尽管文化传播中普通大众是主要的受众，但最主要的传播对象是学生，因为他们是社会建设的接班人。他们的思维方式和对民族传统体育传承的认知将会影响未来社会对这一事业的看法。为了推进民族传统体育的传承和发展，需要建立一个完整的文化体系并将学校教育作为重要的传播途径。

（3）旅游传播。

各个民族地区既具备丰富的民族传统体育活动，也具备丰富的旅游资源，所以也成为游客喜爱的旅游胜地。将民族传统体育与旅游结合起来是一种新的传播方式，使其在原有基础上增添了另外的途径。开发民族传统体育旅游资源不但能推广民族传统体育，而且能为旅游行业带来多重收益，因此，这种策略被视为一举多得。借助体育特色旅游活动，可以让游客在轻松愉悦的旅途中体验传统民族体育的独特魅力。现在，这种旅游活动已经成为体育旅游业的一个重要特色，不但能够促进民众健康，而且能够增强民族感情。

2. 网络化传播中遇到的阻碍

（1）缺乏专业人员。

尽管我国大力推广民族传统体育运动，但在保护和传播民族文化方面仍存在不少缺陷。此外，由于有关部门的队伍建设仍不完善，民族传统体育的网络传播工作难以取得良好效果。当前，网络化传播主要关注竞技体育领域，而对于民族传统体育而言，网络化传播的力量相对薄弱，人才储备更是亟待解决的问题。在保护和传承民族传统体育文化方面，对数字化技术和网络技术的应用存在诸多不足，运用方式也不够灵活。这一问题暴露出一个困难：专业人才缺乏对民族传统体育文化的认知和尊重，同时，现在的大众网络传媒娱乐化和趣味化过度，已经严重损害了传统体育文化的价值。要想解决这个问题，首先需要重点培养和挖掘专业人才，这是关键。

（2）网络资源匮乏。

当前，网络已经成为一个综合体，其中包括文字、图片、动画、音频、视频等多种媒体形式。然而，我国民族传统体育网站在信息发布形式上较为单一，缺乏内容且编辑水平偏低。尽管一些网站提供了音频、视频等资料，但是数量十分有限，内容缺乏系统性，给人的感觉是一个个零散的部分。这表明网络传播民族传统体育目前面临的主要问题之一是资料库不够丰富，这也给数字化工作带来了困难。倘若我们不加以改变和提升，将难以引发广大受众对传统民族体育的关注与兴趣。

在此背景下，我们应当采取积极措施，加强对民族传统体育的数字化建设。通过收集、整理和编制有关民族传统体育的多媒体资料，建立全面、集中、系统的数字化资料库，以便更好地展示和传播民族传统体育的文化价值与精髓。此外，还应当加强对民族传统体育的研究，挖掘其丰富的文化内涵。这些热门话题可以通过网络平台进行讨论和交流，以引导更多人了解和关注优秀传统文化。

（3）缺少资金支持。

我国民族传统体育项目数量接近1000个，这个数量可以用惊人来形容。要想把所有的项目均实现数字化、网络化，必然需要投入大量的资金。而要把这些有代表性的项目仔细地打包、制作出来，所需的经费就更多了。

当前，各级政府对传承和保存民族传统体育文化的工作极为重视，也资助了许多经费，对这个领域的投资比以往有大幅增加。尽管如此，仍然难以满足相关需求。由于民族传统体育文化具备地域性强、分散性明显的特点，数字和网络技术并未充分发挥其在文化保护与传承方面的优势作用。因此，我们需要在保护和传承民族传统体育文化方面投入更多资金，以缩小差距。

3. 民族传统体育网络化平台的构建

现代信息网络让全球资讯紧密联系在一起，这种传递速度的提升不仅提高了人类生活的效率，而且使我们能够更快、更多、更广泛地了解周围世界。网络技术是一场革命，要实现资源共享，必须搭建一个能够展示各种信息资源的平台——网络平台。为了打造一个专门的网络平台以推广民族传统体育，必须深度挖掘其丰富的内容，以吸引喜爱该项运动的受众。

为响应当前我国发展民族传统体育的紧迫需求，需要加强相应的网络平台建设。在建设过程中，政府应当充分发挥自身的组织能力，尤其是在信息收集阶段，应当派遣专业人员深入广大民族地区开展调查，以确保收集到的内容能够真正使观众在浏览后对民族传统体育风俗有所了解，从而形成自发的民族传统体育意识和行为的保护传播。

（四）民族传统体育的人才化发展

随着时代的变迁和科技的飞速发展，人们对教育的重视程度也逐渐提升。尤其是进入21世纪以来，我国制定了“科教兴国”战略，更是使教育发展成为国家发展的重要支柱。然而，尽管近年来中国的教育取得了不俗进展，但是仍存在东部地区与西部地区和经济发达地区与不发达地区之间的巨大差别，这也是我们需要面对和解决的一个重要问题。

在21世纪社会发展中，人才已经成为至关重要的因素。不论是社会经济的发展，还是国家的国际竞争力，都需要高素质的人才来支撑。因此，人才教育成为必不可少的一环。倘若不提升和发展民族地区的教育水平，将会影响社会各类人才的培养以及民族地区学校体育的发展。若教育水平落后，则会导致人才流失，相关的民族传统体育项目也难以得到完整的传承，有些甚至可能会消失。

在实现我国民族传统体育的可持续发展过程中，教育建设是必不可少的一部分。我们必须树立以教育为基础的人才发展观，打造健全完善的人才体系，这是民族传统体育发展的正确方向。同时，也要注意民族地区教育的基础建设，注重解决民族地区教育水平不足的问题，加强教育资源的统筹和调配。只有这样，我们才能够培养出更多高素质的人才，为民族传统体育的发展提供充分的人才支持。

与此同时，我们还要注意民族地区体育教育与文化教育的有机结合，充分发挥体育教育在民族文化传承中的独特作用。通过体育活动，我们能够更好地传承和弘扬民族文化，继承和弘扬民族优秀传统文化精神，推进民族文化自信和文化多样性的发展。

总之，要实现我国民族传统体育的持续发展，需要注重教育建设，培养和发展人才，打造健全完善的人才体系，加强对民族传统体育的研究和挖掘，注重文化与体育教育的有机结合。只有这样，我们才能更好地实现民族传统体育的可持续发展，推进我国教育事业和文化事业的全面发展。

二、民族传统体育的未来发展走向

（一）民族传统体育的规范化建设与创新

为了确保民族传统体育的规范化建设和发展，必须建立一系列制度并贯彻有关政策。其中，最重要的就是要制定相应的民族政策。民族政策倡导的是实现民族平等、民族团结、共同进步、共同繁荣的目标，而民族体育方针则强调坚持积极倡导、加强领导、改革提升、稳步发展的方向。这些政策和方针为规范民族传统体育提供了坚实的基础。改革开放后，国家出台了一系列有关法律条例和政策措施，以促进民族传统体育的发展。伴随改革开放的深入推进，自20世纪80年代以来，民族传统体育得到了蓬勃发展，焕发出勃勃生机。尽管竞技化的传统体育项目和非竞技化的体育项目均建立了规范的表演与竞赛制度，但是仍需加强基本理论的成熟度以及应用性探究的深度和广度。受传统观念的影响，对传统体育文化传承人的培养问题没有引起有关部门足够重视，这也是当前制约我国民族传统体育健康有序发展的关键性因素之一。出于上述原因，我们主张对民族传统体育建设和创新加以规范，以更新我们的价值观念和开阔我们的思路，并依据科学界的理论探讨，制定传统体育发展战略。在确保运动项目规范化的同时，建立一个训练和推广基地，以妥善处理继承和借鉴之间的关系。对民族民间体育项目开展进行保护并合理开发，使其更好地适应现代社会需要。倘若如此，中华民族的传统体育将以科学化和规范化为导向，逐步探索创新、拓展外向和多元化的道路，为全球体育文化的宝库做出必要贡献，并展现中华传统体育具备的精神特质。

1. 适应时代的精神与要求，规范运动方法与形式

现今，世界各地的传统体育活动已成为现代各类体育项目的主要来源。在人类历史发展过程中，许多优秀运动员都曾与传统文化结下过不解之缘。例如，跨栏起源于18世纪英国牧羊少年的追逐游戏，铅球是由欧洲士兵的投掷炮弹比赛逐步形成的一种运动形式。这些传统体育活动中包含

的文化元素，在今天已经成为人们生活方式和价值观念不可缺少的一部分。现代体育源自世界各地源远流长的传统体育文化。研究现代体坛，尤其是奥运会的历史，不难发现，中国民族体育的发展历程并未对任何项目产生影响。在世界范围内，只有少数体育项目具备自己独特而丰富的内涵。由于我们未能充分挖掘和整理各民族的体育活动，许多项目至今仍未达到规范化的发展水平。例如，武术套路、跆拳道等都有各自的传统性特征，并在一定程度上受到西方体育项目的影响。但这些项目仅限于特定的民族地区传承，难以获得广泛推广和提升。这也使一些有价值的体育项目不能在世界范围内传播。为了确保我国民族传统体育的规范化，我们必须对其进行深入挖掘和系统整理，剔除那些不真实的元素，仅保留那些优秀的部分，并对其进行提取和改进，以适应时代的需求。因此，在现代社会中，要想将民族民间体育运动不断向前推进，就必须从理论上对民族传统体育项目予以研究和分析，进而找出适合当代人们生活方式及精神追求的新内容。对于那些具备竞技性的项目，则必须对其运动技巧、方法、竞争形式和标准进行规范，以更好地适应时代的需求，进而为其进一步推广和普及奠定坚实的基础。

在内蒙古的广袤草原上，蒙古式摔跤作为一项源远流长的传统体育项目，深受广大民众的喜爱和推崇。近年来，随着社会经济水平的发展和人们生活方式的改变，这种古老而又原始的体育运动慢慢被人遗忘，但是作为一种独特的民族民间体育活动一直延续至今。该体育项目彰显了蒙古族民众不屈不挠的精神特质，以及他们勇于拼搏、吃苦耐劳、坚韧不拔等卓越的品质。它以独特的风格、优美的姿态、丰富多样的形式以及显著的民族特色赢得了广大群众的喜爱。为了普及这一传统的民族项目，有关部门对竞赛规则进行了多次修改和试验，以确保其在全国范围内得到广泛应用。目前，内蒙古地区的传统摔跤比赛规则已经得到正式确认，并且已经在呼和浩特等地成功举办了五届全国蒙古式摔跤邀请赛。1990 年，呼和浩特市举办了首届国际“那达慕”大会，旨在推广传统的蒙古式摔跤民族体育项目。随着社会经济文化事业的飞速发展，武术套路比赛也从单一形式走向多元化。毽球运动经历了从不规范到逐渐规范的演变过程，最终成为亚运会比赛项目。1984 年，国家体委推出了毽球项目，将中国古代蹴鞠、踢毽子以及现代足球、排球、羽毛球等多种运动元素有机融合，巧妙地将古老的运动转化为一项具有高度对抗性的竞技运动，这是一次成功的体育可持续发展实践。

2. 民族传统体育的现代化、规范化建设

（1）民族传统体育现代化发展的模式与方法。

目前，全球现代体育一体化趋势逐步加快，强烈冲击着各民族传统体育活动。传统体育尽管脱胎于农业社会，但不可否认它对现代体育的反抗立场是不够科学和不符合实际的。传统是一个民族文化的根由，也是一个人现实生活与观念的重要内容，更是创新民族文化的关键依据。为了既不否认现代体育又不彻底摒弃传统体育，必须促进民族传统体育向现代化转变，整合传统精髓、汲取现代优势、创新发展，使之与时俱进而又保持民族特色，并成为现代体育文化的一个重要内容。

①立足现实，以“我”为主。

我国民族传统体育是指那些具有鲜明民族特色，有着悠久历史并且一直延续到今天，代表了民族文化精华的体育活动。这些体育活动并非指那些以前发生和存在过的运动，也不包括那些已消逝的“过去”运动。因此，今天我们要弘扬的民族传统体育并不是古籍记载的历史遗存，它是至今仍广泛存在于人们生活中的一种传统体育，主要有舞龙、舞狮、武术、跳鼓、跳竹竿、摔跤、踢毽子等，而非如投壶、蹴鞠等已销声匿迹的项目。基于现实考虑，应当从目前仍旧在开展的民族传统体育活动中寻找发展出路，而不是回到“过去”，深陷“复古式”泥沼。坚持以“我”为主，就是要在各族人民群众的共同努力下，为实现民族传统体育的现代化而努力。

②吸收传统体育精华，借鉴现代体育成果。

我国民族传统体育在农业文明这一特定的社会语境中应运而生，其中既有精华也有糟粕。在传统基础上要做到创新，就应当取其精华，将其充分融入到新的体育文化中，使之成为民族体育文化发展的核心要素。而那些不符合现代体育科学原理，甚至违背社会主义现代文明的落后事物，则必须果断地摒弃。

当前，现代体育正面临着商业化与职业化的趋势。在此背景下，奥林匹克主义提出融体育、文化与教育于一体的理念，强调以体育运动增进生活乐趣、尊重基本公德原则，起到很好的示范作用。然而，现代体育强调的奋发和竞争精神及有关组织制度，却是民族传统体育中欠缺的。为此，民族传统体育运动应当立足于本民族风格，并积极借鉴现代体育运动的先进成就。在技术上，应当运用现代运动科学的理论与方法，合理地评价与创新；在组织上，要借鉴现代体育成功的组织模式，迅速壮大自己；在价值观念上，要借鉴现代体育弘扬竞争与奋斗精神这一核心价值观念。这是民族传统体育现代化转型的核心，也是重点。

③面向世界，面向未来。

早期的民族传统体育在社会生产力水平低下和自然条件的隔绝影响下，各自在封闭的条件下独立发展。如今，伴随社会生产力的提升，交通通信条件的改善，尤其是全球信息互联网络的迅速兴起，全球已经成为一个紧密联系、相互依存且相互联动的整体。保护民族传统运动不应当与现代体育运动分离开来。与古代文物封闭保存不同，民族传统运动应该在与现代运动的融合中不断提升和完善。

考虑到现代体育以西方为主导，并不是世界体育发展的最佳样板，所以，未来的目标是将民族传统体育现代化，以有效地提升价值。为适应面向未来的发展，必须依托民族传统体育并借鉴现代体育的优秀成果，同时进行具有创新性的探索。要深入反思和批判两者存在的不足，以便确定前进的方向并为未来的发展做好准备，这是至关重要的。构建新的体育文化体系需要借鉴过去和现在的成果，使之超越现代体育。

（2）民族传统体育规范化建设的主要途径。

①加强民间游戏的规范化。

依据现代体育运动的通用规则，将那些在体系上缺乏相互关联、规律性不强或者不稳定的民间游戏进行提炼、整合、规范，使它们逐步脱离民俗风情或者生产活动，并具备稳定、独立的发展方式。

②从民族地区实际出发，实事求是。

为了不断改进教材，依据当地最普遍的民族传统体育实际，修订学校体育课程大纲并对教材内容进行补充是必要的。为了使民族体育可持续发展，必须持续举办民族体育赛事和文化交流活动，不断为其注入新的发展动力。

③加强师资队伍建设，加大宣传影响力度。

有必要在各民族传统聚居地区的体育院校开设民族体育理论和实践课程，以加强当地的体育教育。为了加强体育师资建设，需要采取多种方法来培养师资，并采取措施稳定队伍，以避免人员流失。

（二）民族传统体育的发展趋势

1. 民族传统体育作为现代体育的补充，应与现代体育有机结合

现代体育以西医学为理论基础，倡导科学实验，学习解剖学、生理学、现代医学和生物学等基础知识，以塑造身体外形为目标，注重“更快、更高、更强”的竞技原则。竞技运动则以身体形态和生理功能的提升为标志，通过物理量的变化来呈现。随着社会经济的发展与科技的进步，体育运动逐渐成为一种全球流行的时尚，并向世界各个角落延伸。尽管西方体育文化在全球化浪潮中扮演着十分重要的角色，但是其无法满足人类对生命本质的追求。因此，在体育运动中融入我国民族传统体育文化元素，成为当代社会发展的必然要求。相较于其他运动方式，我国民族传统体育注重身体内部的自我修炼，强调身心健康的调节。因此，在提倡健康生活的今天，将二者进行有机结合就显得尤为重要。以中国传统养生运动武术为例，其功效不仅在于增强身体素质和预防疾病，更在于锤炼意志品质、陶冶情操、延缓衰老进程。在当代体育运动中，民族传统体育项目也越来越受到人们重视。现代体育注重的是比赛结果，也就是所谓“标”，而民族传统体育则更加注重传承体育精神，即“本”。二者尽管都以健身

为目的，但是在表现形式上有着本质的区别。伴随社会的日渐进步和文明程度的逐步提升，以及全球文化的快速交流和融合，民族传统体育必须与现代体育相互融合，以实现中西合璧的未来发展方向。

2. 通过实施“全民健身计划”，民族传统体育的活力将进一步加强

在民间传统体育中，丰富多彩的运动项目不但能够有效提升人们的身体健康水平，而且是一种极具吸引力的运动方式。伴随现代社会生活方式和价值观念的变化以及人们对健康需求的增加，我国民间传统体育得到了快速发展。该领域有着深厚的基础，蕴藏着巨大的发展潜力，且不受任何年龄、性别、气候、时间或者场地的限制，因此深受广大人民群众的欢迎和重视。此外，其操作简单易行、经济实惠的特性也深受广大民众的青睐。它既能够作为娱乐休闲方式来开展，又能够起到强身健体、预防疾病的作用，因此，受到广大民众的欢迎与追捧。随着社会的逐步演进和人民生活水平的日益提升，人们对体育活动的认知和需求也逐步加强。尤其在现代社会各种文化相互交融的大环境下，民族传统体育越来越受到社会各界的重视和关注，并逐渐成为一种时尚。随着“全民健身计划”在我国的实施，民族传统体育在城市的街道或者社区，农村的乡镇或者院落，以及工厂或者学校等地得到了更广泛的推广和普及，体育活动也慢慢向大众化方向发展。这些都为民族传统体育项目提供了广阔的舞台，同时使它更加贴近群众，走进大众视野。随着民族传统体育的广泛推广，全民健身的活力将得到进一步激发，其传播范围也将得到扩大。由于每个人都具备自己独特的个性，而这种个性化的差异又体现在各自所处的环境中，当人们形成了一种共同的民族意识、情感和文化认同时，来自不同民族、不同经济利益和社会地位的人们会聚集在一起，形成一个健身群体，并不断传承下去。同时，由于各民族之间存在巨大的文化差异和生活习惯差异，他们在交往时往往会产生一些障碍，甚至导致冲突。因此，在人际交往中，民族传统体育可扮演重要的纽带和桥梁的角色，为人们提供一种独特的社交体验。

3. 民族传统体育进入各级各类学校，丰富和拓展了学校体育教学内容

相较于西方的竞技体育，我国民族传统体育在多个方面具备独特的优势。民族传统体育运动不但是一种健身手段，而且是一项重要的文化现象。除了注重身体素质的提升，运动还能够带来愉悦的心理体验，使人在运动中感受到更多的自由和放松，进而提升心情的愉悦程度。此外，民族传统体育能够有效改善人们的生活质量，促进社会和谐发展。该运动的形式和内容具备高度的可塑性，其运动量的大小能够随意调整，以适应不同个体的素质和能力，进而有助于突破技术限制并养成良好的运动习惯，对长期从事健身活动有极为显著的帮助。此外，民族传统体育项目对学生心理健康水平也有一定程度的改善作用。因此，在学校中引入民族传统体育不仅是一项可行的举措，更是一种必然趋势。

学校是体育文化的传承之地，学校教育是使原始体育走向规范化、科学化和普及化的必然之路。各种民族传统体育纷纷被引进学校，有效地充实了体育教学内容。这既给学校体育带来补充与发展之机，又能激发学生锻炼的兴趣、培养学生终身体育意识，在提倡“健康第一”核心价值观等方面都有着重大而又深远的影响。民族传统体育在教育、健身、养生、娱乐方面的本质功能以及由此派生的非本质功能，对学生个性发展、身心健康以及人文素质提升都有着极为重要的积极作用。

4. 民族传统体育呈现出与世界体育文化相互融合的发展趋势

中国是多民族文化资源丰富的国家，五千多年文明史留下的独特文化资源，是中国在世界上崛起的得天独厚的优势。长期以来，我国民族传统文化发展始终处于保护与传承阶段，这是由固有观念、认识、价值观及习惯行为等旧模式束缚造成的。我们未能把它作为一种有价值的社会经济资源加以创新与开发，使当今中国仍然处于文化资源大国与文化产业小国特质并存的局面。

随着政治多极化、经济全球化，中国顺利加入世贸组织、成功主办奥

运会，给中国民族传统体育带来了深刻的影响。民族传统体育从“自给自足”“自娱自乐”的封闭局面走向全球化并与文化融合是必然的趋势。正如学者张岂之所说，“文化多元性才是文化发展进步的关键动力。全球文化多元，与多极化的政治经济格局相适应”。[①] 中国传统体育作为中国文化之镜，在世界各民族文化中占有极为重要的地位。正如伍绍祖所说：“越是中国的，就越是属于世界，这是辩证的。”[②] 在经济全球化与中国现代化日益推进的今天，中国传统体育中蕴含的文化行为与价值观已被世界各个民族所接受，并成为东西方文化之间的一座桥梁。

5. 民族传统体育将朝着生态体育旅游与产业化的道路发展

我国拥有56个不同的民族，每个民族均有其独特而浓厚的地方特色，包括各种各样的民俗和风情。我国民族传统体育项目也十分丰富多彩，如赛马、射弩、赛骆驼、秋千、跳竹竿、跳板、抛绣球、抢花炮、摔跤、高脚马和霸王鞭等，深受人们喜爱，并具有很好的观赏性、表演性和娱乐性。所以，体育旅游资源开发将以民族传统体育项目挖掘与弘扬为主。随着人们生活水平的提升及闲暇时间的增多，假日经济消费已成为不可或缺的组成部分，因此，人们更倾向于加入和投身到“新颖、有趣、愉悦”的国民传统体育项目中，可以促进相关行业的发展及区域经济的整体繁荣。

6. 民族传统体育技术和理论体系的科学化发展趋势

中华民族传统运动发展的未来方向是科技化和标准化。伴随社会变革和演变，我们能够看到，民族传统体育文化已经逐步被接纳和保留，并融入现代体育文化中。这不但是历史趋势，更是客观需求所在。为了实现传统民族体育的国际化，我们必须在加强科技化上下功夫。

近年来，很多民族传统体育项目被重新挖掘，并得到了推广和普及，比如，云南傣族的丢荷包，阿昌族的阿昌刀，哈尼族的打磨秋，湖南土家

① 张岂之．论中华文化的“会通”精神[C]//尼山世界文明论坛．中华炎黄文化研究会，炎黄国际文化协会，新加坡国立大学，2010.

② 伍绍祖．新中国体育事业奠基人[M]．北京：人民体育出版社，1996.

族的抢鸭子、摆手舞和打飞棒，以及贵州瑶族的猎棍操等，对这些传统民族体育项目的总结、提炼和结合现代科学方法进行改造，使其不但符合人体生理和心理发展规律，而且不失原始古朴的民族风味，并以现代体育与艺术相结合的形式推向社会，从而使这些传统的民族体育项目得到传承和发展。

为了实现这个目标，我们需要跟踪和应用先进的科技手段，并对传统民族体育项目进行标准化和规范化。在这方面，可以引入数字化技术和虚拟现实技术等高科技手段，建立基于互联网的民族体育文化交流平台，让这些民族体育项目得到更广泛的传播和推广。同时，还可以借助对传统民族体育项目的比较和分析，借鉴国内外优秀的运动体系和项目，逐步完善和发展传统民族体育项目，让它们更符合国际化的标准。这样不但能够促进民族体育文化的交流和融合，还能够为其未来发展打下更坚实的基础。

总之，科技化和标准化是中华民族传统运动未来发展的必要条件，也是实现国际化的重要手段。我们应该加强对传统民族体育项目的挖掘，通过创新和改造让其更符合人类的需求与时代的发展，让这些传统的民族体育项目成为我们走向世界的重要名片。

第三章　文化视域下体育公共服务与民族传统体育互动发展的关系

第一节　文化视域下体育公共服务的类型、基本形态及其相互关系

一、文化视域下体育公共服务的类型

（一）按照体育公共服务的属性特征分类

从公共产品理论的角度来分析体育公共服务，按照它们具备非竞争性和非排他性的特征，我们可以将其划分为两类：纯公共产品性质的服务和准公共产品性质的服务。纯公共产品性质的服务指的是体育公共服务在内容与形式上均符合公共产品特征的服务，包括由国家、政府及社区提供的免费体育技能培训、体育政策法规宣传、各种公益体育活动等项目，以及小区、广场等公共场所的体育设施。准公共产品性质的服务指的是在一定程度上具有非竞争性和非排他性特征的服务，并非完全具备公共产品的特征。例如，体育健身俱乐部、经营化的体育场馆，以及公众健康咨询和检测等均属此类。

尤其需要指出的是，不论是纯公共产品性质的服务还是准公共产品性质的服务，它们的排他性和共用性均是相对的而非绝对的，二者之间的差

别也只是程度不同而已。所以，任何一项体育公共服务均不可能完全排他或者完全共有。

（二）按照体育公共服务的内容构成划分

我国体育公共服务均等化的具体内容也异常丰富。伴随时间的推移和当前社会经济发展的日渐推进，其具体内容也逐渐趋于完善。依照体育公共服务的具体内容分类，可以分为基础设施建设、信息技术服务、要素保障和专业培训四大类。进一步扩大分类方式，有利于我们在实际供给中以更加全面、更加完整和更加准确的方式为社会公众提供均等化的、快速满足其需求的体育公共服务。另外，基础设施建设类涵盖体育设施、生活设施、设备等，便于当地人民开展体育锻炼和健身。信息技术服务类是中央和地方政府、社区居委会或者当今社会的其他基层单位，借助宣传栏、广播电视等多种形式的广告宣传，多角度展示与国家体育事业发展有关的政策法规，并为人们全面提供与公共服务相关的信息（如各种比赛的信息、各种健康咨询服务或者免费体检的信息等），旨在满足公众对体育公共服务均等化的需求。要素保障类则是一连串规章制度的最终产物，旨在确保公众在体育成绩和公共服务中享有平等的份额。例如，为防止地方各类体育俱乐部收费过高，各地地方行政价格管理部门会制定相应的具体收费标准；而体育管理部门则通过制定行业规范来履行管束机关单位的职责。专业培训类体育公共服务的内容包含体育设施的使用及技能培训等。

（三）按照体育公共服务受益范围划分

参照受益范围的不同，体育公共服务可以划分为三个层次：全国性体育公共服务、地方性体育公共服务和社区性体育公共服务。全国性体育公共服务是面向全民的服务，其中包含国家体育总局设立的各类体育信息和健身指导网站，以及借助电视、报刊、互联网传播的体育信息。地方性体育公共服务涵盖体育健身广场、体育场馆和政府资助的有关技能培训。然而，这些服务往往只对该地区的居民开放，不居住在该地区的人则很难享受到这些服务。近年来，随着单位职能的弱化，我国的社区体育发展迅速。社区性体育公共服务对推进我国社会体育事业的发展起着至关重要的作用。社区性体育公共服务是指专为社区居民提供的以社区为基础的体育公共服务，如社区体育指导员、在社区举办的各种形式的体育比赛、各类体育技能培训等。倘若进一步细分，地方性体育公共服务还可以分为城市和农村两类。受“城乡二元”体制的影响，我国城乡体育公共服务发展极不平衡。

（四）按照体育公共服务存在的形态分类

体育公共服务依据其存在形态，可以分为实物形态的有形体育公共服务和具备消费特征的无形体育公共服务两种。进一步细分这两种形态的体育公共服务，又可以分为以下四类：一是实物类体育公共服务，其中包含社会体育指导员、体育俱乐部、体育场馆、器材及有关设施（如体育场馆引导标志）等；二是精神类体育公共服务，包含有关的法规政策，如体育俱乐部的一些暂行规定、收费方式、收费标准、服务标准等；三是健身娱乐类体育公共服务，其中包含各级政府和社区举办的各种类型的体育比赛、运动技能培训、健身知识讲座等；四是信息类体育公共服务，其中包含有关政策法规的宣传、部分赛事信息、运动技能培训、知识讲座信息、赛事报道、全民健身活动等。

（五）按照体育公共服务提供的程度划分

按照提供程度的不同来分类，体育公共服务可以分为保障性体育公共服务和发展性体育公共服务两类。近年来，我国体育公共服务的不均衡现象引起了社会的广泛关注，包含地域、社会层次和民众之间的差距。为了尽快实现体育公共服务的均等化，政府需要采取多种有效措施，确保人民群众的体育权益，充分发挥体育在构建和谐社会中的作用。为此，各级政府提出了基本体育公共服务均等化的发展策略，即保障性、无差别的体育公共服务。此举旨在公平对待一切社会成员，不论其是否付出代价，都能够公平享受体育公共服务。发展性体育公共服务是指为了满足社会各群体和个人的体育需求而提供的公共服务，其发展方式应当依据当地经济状况而定。发展性体育公共服务一般不是由政府单独提供的，而是由供求双方一起承担费用。此外，还有一些个性化的特殊服务，如体育保险，消费者需要自行支付有关费用。发展性体育公共服务是社会发展条件不足时公民享有的最低体育公共服务范围以外的服务。它旨在满足社会公众或者特定群体对更高层次、更高质量的直接体育公共服务的需求。高尔夫球场、射击馆和赛马场等高档体育设施，均属于发展性体育公共服务的范畴。

二、文化视域下体育公共服务的基本形态及其相互关系

（一）体育公共服务的基本形态划分

体育形态又称体育形式，是指相对稳定的体育实践形式或者状态，它既反映了运动现象内部要素的紧密联系，又呈现了体育各种整体现象的相对稳定的外部特征。学者依据体育的基本形式，对其提供的不同种类和层次的公共服务进行分类。刘亮根据马斯洛需求理论认为，人的需求能够衍生利益争端，故而，综合考虑体育公共利益的差异性、同质性和补偿性三个方面，可以把体育公共服务划分为生存发展型、精神满足型和权益伦理型三种。① 学者樊炳有等针对我国体育公共服务现状，从多个维度开展了研究，将其分为维护性、基础性和经济性三类。② 这一分类包含体育服务的发展历程、理论基础和实际运营方面的考虑。学者周爱光依据冯契先生的逻辑方法，即借助划分来揭示概念外延的逻辑方法，参照一定的标准，将概念反映的对象分成若干小类③，在此基础上对体育公共服务进行分类。他以服务特征为基础划分了两类公共服务：具备非竞争性和非排他性的纯体育公共服务，以及不完全具备非竞争性和非排他性的准体育公共服务；同时依据服务范围，把体育公共服务分为全国性体育公共服务和地区性体育公共服务两类；依据服务对象不同，把体育公共服务划分为学校体育公共服务、全民健身（群众体育）体育公共服务和竞技体育公

① 刘亮．我国体育公共服务的概念溯源与再认识[J]．体育学刊，2011，18(3)：38.
② 樊炳有，高军．体育公共服务[M]．北京：人民体育出版社，2010.
③ 冯契．哲学大辞典[M]．上海：上海辞书出版社，1992.

共服务三个领域；依据服务层次不同，把体育公共服务分为基本体育公共服务和一般体育公共服务两个级别。① 这些观点从多个角度和层面对体育公共服务进行了划分与说明，为今后我们展开深入探究提供了有力参考。

1. 学校体育公共服务

学校体育公共服务以青少年学生为重点服务群体，旨在满足他们的体育需求等。鉴于我国的学校（公立和民办外）体育公共服务财政方面的来源主要是国家，是具备非排他性和非竞争性的公共产品，这就在特定程度上决定了学校体育公共服务属于基本公共产品性质的服务。伴随我国国民经济的快速增长和人民生活水平的日益提升，人民大众对学校体育的认知逐步深入。同时，国家对学校体育的投资也渐渐增多，这些都有力地推进了学校体育公共服务的健康发展，使其更好地服务于我国物质文明和精神文明建设。

2. 全民健身体育公共服务

全民健身体育公共服务也被称为“群众体育公共服务”，指的是由政府主导、其他非政府组织协力提供的基础性公共服务，旨在满足我国民众的健身需求。在国外一些发达国家，全民健身体育公共服务是融入社会公共服务体系中的，一般来说，采用的是以社区为体育中心的基本措施来践行全民健身体育公共服务。

在我国，全民健身体育公共服务的供给水平相对较低，无法完全满足人们日益增长的多样化的健身需求。造成这一现象的原因在于，我国公共服务理念与社会经济的变革及全民健身的融合发展不同步，以及政府对全民健身公共服务的认识不足。国外各发达国家在体育公共服务领域投资巨大，并且积极调动和整合社会各方面的有利资源，逐步形成了一种政府主导下凝聚社会力量发展全民健身的模式，这种模式为我国全民健身公共服务理念的变革提供了一些参考。

---

① 周爱光．从体育公共服务的概念审视政府的地位和作用[J]．体育科学，2012，32(5)：64－70.

3. 竞技体育公共服务

在我国，对竞技体育的管理体制是比较特殊的，再加上竞技体育独有的社会功能，使其不但具备公共性，而且具备非公共性。其中，竞技体育蕴含的公共产品属性，是指其属于能够满足人民群众精神文化生活的特殊物品。故而竞技体育公共服务也就满足公共产品的一般属性，即非竞争性和非排他性。依据这样的特征，竞技体育公共服务可以划分为具备纯公共产品性质的服务和具备准公共产品性质的服务。例如，全国范围内的高水平竞技体育活动，能够让人民群众产生欣赏高水平竞技的需求，以及对我国竞技体育在国际体坛表现出色的需求。这是一种面向全社会提供的文化、精神产品，它为人民群众所共同享有，符合纯公共产品性质。在市场经济体制的推动下，政府借助购买或者合作等方式向公民提供一些不完全具备非竞争性或非排他性的体育服务，它们本质上是准公共产品性质的服务。例如，职业竞技体育是以体育竞赛表演为内容、以满足消费者的观赏需求为手段、以盈利为目标、以体育竞技表演服务为主导的体育竞技表演业。

（二）三种体育公共服务形态之间的相互关系

学校体育公共服务、全民健身（群众体育）体育公共服务和竞技体育公共服务，是构建体育公共服务和健康中国的关键部分。这三个领域之间既相互独立又相互关联、相互依存（见图 3－1）。学校体育公共服务是培养学生身心健康、促进学生全面发展的重要途径，它为全民健身和竞技体育输送了后备人才。全民健身（群众体育）体育公共服务是提升人民身体素质、保障国民健康的基础性工程，同时也能够为竞技体育提供更广阔的发展空间和更广泛的社会支持，确保了竞技体育生态系统的健康运转。竞技体育公共服务是推动体育产业发展和提升国家体育实力的关键手段，同时可以凭借竞技项目的成功来激励全民健身和学校体育的发展。三者之间的相互影响和支持是中国体育事业繁荣发展的重要保证。

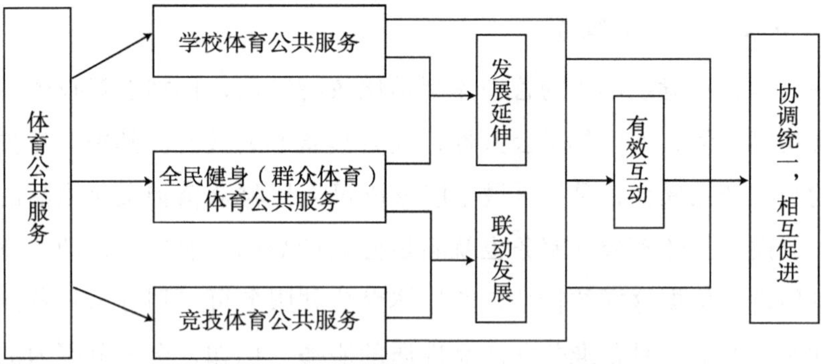

图3-1 体育公共服务基本形态之间的关系

1. 全民健身体育公共服务是学校体育公共服务的发展延伸

伴随人们生活水平的提升，全民健身已经成为社会发展的关键构成部分。而在全民健身的大环境下，学校体育公共服务也必须相应地发展起来。学校体育公共服务是指以学校作为载体，依托教学、科研等资源，面向社会，为群众提供体育健身、文化体验等服务。由于其所在学校是教育的主场，因而具备较高的专业性和公信力。因此，学校体育公共服务更能够被大众广泛接受和信任。在全民健身大环境下，学校体育公共服务的发展延伸不仅在于服务内容上的变化，更在于服务对象、服务形式、服务手段等方面的创新变革。

首先，学校体育公共服务的服务对象从传统的学生群体扩展到社会各界群众。如今，各地的学校体育馆、操场、游泳池等设施，在学校放假期间往往被社会公众所利用，成为他们健身娱乐的好去处。向社会开放学校体育附属设施，能够更好地保障全民健身权益。

其次，学校体育公共服务的服务形式日渐多样化。传统的体育课、运动会、校内竞赛等形式尽管仍然有其存在价值，但是现在越来越多的学校已通过开展夏令营、运动培训、社区小球队等趣味性较强的活动形式来满足群众的需求。

最后，学校体育公共服务的服务手段发生了巨大变化。如今，很多学校已经开展了面向全国、全球的线上策划，在网络中通过直播、短视频、微博等形式分享学校体育文化和运动经验，向更多人宣传推广全民健身理念。

此外，值得一提的是，学生在校期间得到的体育锻炼的保障，一旦离开学校便不复存在，导致大部分学生可能会停止参加体育运动。因此，需要强调全民健身体育公共服务的社会作用，并且与学校体育公共服务紧密对接。全民健身体育公共服务可以为学校体育公共服务的发展提供延伸帮助，填补由于在学校时间导致的阶段性教育不足。此外，学校体育公共服务也可以在不妨碍学校教育的情况下，向社会开放，以便全民健身体育公共服务部门更好地组织、管理和引导群众进行锻炼。

总体而言，学校体育公共服务的发展延伸与全民健身息息相关。从传统的“教育”模式转换到“服务”模式，学校体育公共服务已经成为促进全民健康、丰富学校文化、推动社会发展的重要力量。相信将来在全民健身的大环境下，学校体育公共服务将更加完善并有更多创新，为人民群众提供更好的体育文化服务。

2. 学校体育公共服务与竞技体育公共服务的有效互动

随着现代社会的迅速发展，体育事业在我国也越来越受重视，而学校作为一个培养未来人才的场所，也应该承担起体育公共服务的责任。然而在实践中，我们会发现学校体育公共服务与竞技体育公共服务之间存在互动不足的问题。因此，如何有效地促进两者之间的互动是当前一个阶段我们必须解决的问题。

学校体育公共服务是指开展课外丰富多彩的体育活动，提升学生的身体素质和综合素质。竞技体育公共服务则是指组织各类比赛和活动，培养优秀的运动员和教练员，同时也可促进体育产业的发展。从定义上来看，两者有一定的区别，但并不矛盾。接下来，我们需要了解二者之间存在的互动不足问题。学校体育公共服务一般缺乏一定的竞技性，不能激发学生的积极性和创造性。而竞技体育公共服务面向的是高水平运动员和职业教练，而不是普通学生和公众群体。这样的分层必然导致二者之间的互动不足，那么怎样有效促进二者之间的互动呢？

首先，我们需要明确学校体育具备众多优势，其综合体育资源优势是仅次于竞技体育的。学校体育有着“天时”“地利”“人和”的先天优势，尤其是在场馆设备等硬件方面以及得天独厚的人力资源等方面的优势。在学校体育中开展的体育课程以竞技体育项目为主，这在某种程度上极大地促进了学校竞技体育的发展。因此，学校体育公共服务承载了向上输送高水平体育运动员、向下提升在校青少年身体素质等重要使命。当然，为了实现学校体育公共服务与竞技体育公共服务的有效互动，需要竞技体育公共服务不断促进学校体育公共服务的发展。其次，定期邀请优秀的运动员、教练员等到学校进行训练、指导，使青少年受益并为其树立榜样。最后，退役的运动员可以回到学校继续深造和进修，或直接担任教练和其他职务。在一定条件下，学校体育公共服务与竞技体育公共服务之间能够部分融合、有效互动，这已成为满足国民体育需求多元化的必要条件。

此外，政府和社会机构也需要加强对体育的支持与投入。政府可以适当增加财政投入，鼓励开展更多的体育活动。同时，社会机构也可以为学校和竞技体育提供更多的资源与支持，积极推动体育事业的发展。

总之，学校体育公共服务和竞技体育公共服务是相辅相成的，应该在促进学生和公众身体素质提升方面发挥更大的作用。为了实现有效互动，我们需要提升对体育文化的认知度和关注度，加强赛事组织和计划安排，重视对基层运动员和学生的培养，并且政府和社会机构也需要加强对体育的支持与投入。只有大家共同努力，才能实现学校体育公共服务与竞技体育公共服务的有效互动。

3. 竞技体育公共服务与全民健身体育公共服务的联动发展

近年来，伴随社会逐步改革和经济的繁荣发展，人民群众的生活水平和质量得到了显著提升，逐步显现出了对健康生活越来越高的需求。人们渐渐意识到身体健康是开展各项工作和活动的基础，也是保持人们生命活力的重要来源。因此，“生命在于运动”和“身体是革命的本钱”等健身理念逐渐深入人心。这些变化促进了政府投身全民健身事业，并大力推行全民健身计划，致力于推动人们全面发展。竞技体育公共服务则具备专业性和先进性，在满足高水平运动员和教练员竞技需求的同时，通过与全民健身体育公共服务之间的密切协作、联动发展，可以为人民提供高质量和多样化的体育服务，推动人民身心的健康发展，促进社会的进步和发展。竞技体育资源不仅在应用上更先进和优秀，还为相关人员提供了更高级别和更专业的培训，提升了人们的职业技能和素质。政府还积极投资促进相关产业的蓬勃发展，如体育用品制造业、竞技赛事举办业、体育文化宣传业等，有力地推进了国民体质的提升和社会的整体发展。全民健身体育公共服务和竞技体育公共服务是体育公共服务中最关键的两个领域。随着社会的发展和人们对健康生活的认识逐渐加深，这两种服务形式的重要性将不断增强。政府应该在加大投入的同时，推进这两种服务形式之间的密切协作，优化资源配置和整合各方力量，共同致力于为全民提供更加丰富和更高质量的体育公共产品与服务。

总体而言，体育公共服务包括三种基本形态，它们彼此相辅相成、密不可分。在学校体育公共服务中，利用学校内部丰富的体育场馆设施、专业的体育教育资源以及多样化的运动项目，可以在不干扰正常教学秩序的情况下，为社会和人民群众提供尽可能丰富的体育公共产品与服务，以满足他们的体育需求。竞技体育公共服务则需要充分利用现有的体育资源，为全民健身体育公共服务提供有效的支持。作为最基础的服务，全民健身体育公共服务应该面向一般人群，提升全民的身体素质，培养公众科学、文明和健康的生活方式。它既是竞技体育公共服务的基础，也与学校体育公共服务相互协作，为三者共同推进体育公共服务的发展提供新思路、新方向和新动力。只有三者合作协调、相互促进，才能使体育公共服务更加完善；只有相互取长补短，才能让体育公共服务更加完整；只有共同进步，才能避免出现短板效应，让体育公共服务的覆盖面积更广、质量更优。

第二节　文化视域下民族传统体育与体育公共服务的联动关系

一、民族传统体育的性质决定其与体育公共服务的不可分离性

民族传统体育指的是中国各民族长期以来形成并逐步发展完善的非正式运动形式和运动方式，其历史文化价值和推进民族团结的作用已经被广泛认可。民族传统体育的内容包括丰富多彩的竞技项目、健身锻炼方法等，其管理模式和竞赛规则也慢慢形成，并在学校体育和群众体育中广为应用。作为中国体育事业中不可或缺的一部分，民族传统体育的运动内容、评价体系、技术规范、训练方法等要素，在学校体育和群众体育中均得到了广泛的应用与推广。同时，民族传统体育也为这两者的发展提供了核心操作基础。在谈论体育公共服务时，我们必须意识到民族传统体育的重要性，以确保其得到充分的保护和发展。

为了构建我国完善的体育公共服务体系，需要为其提供充足的体育资源，包括体育设施、人力和信息资源等。我国具备一定的体育资源优势，其中就包括民族传统体育。因此，我们应当充分挖掘并利用这些资源，提供多元化的体育公共产品和服务，以满足广大公众对体育的需求。同时，应当确保民族传统体育的正常发展，完善全民健身服务体系，为人民群众带来更丰富、全面和高效的体育公共服务。

二、民族传统体育的功能决定了体育公共服务的广泛性

归纳而言，民族传统体育在教育、健身、娱乐、表演和竞赛等方面发挥着多重功能。其中的健身、娱乐、表演等功能是其他任何项目都无法替代的。在体育公共服务中，这些功能得到了充分的发挥，为人们提供了更加全面、多元化的服务体验。

从体育公共服务的角度来看，民族传统体育不但在物质、制度和精神等方面具备教育价值，也为精神类体育公共服务提供了有益的支持。首先，凭借参与民族传统体育的内容、方法、场地以及器材等方面的感知与体验，大众在物质层面实现了技能掌握和自身体能的提升，进而获得了更广泛的社会认可。此外，由于民族传统体育项目本身就蕴含丰富的文化内涵，使人们在从事该项目时可以获得愉悦的心理感受和思想启迪。其次，民族传统体育在制度层面的规范管理，包括规程、组织、练习技巧和执行规则等方面，具备教育价值，能够促进公平竞争、规范行为和保持科学有序，同时也能够为其他行业制定制度法规提供示范和促进作用。再次，对民族传统体育项目的推广与普及，主要表现为政府主导下的全民健身运动，以及高校开展的民族民间体育运动。最后，民族传统体育在精神层面上注重身体和情感的协同发展，以塑造全面的人格。在这样的基础上，凭借各种形式开展文化传承，将民族传统体育项目融入学校课程，通过精心策划的活动和竞赛，可以全面培养参与者的身体素质和适应性，同时在比赛中锤炼出对对手的尊重和对规则的遵守的道德操守。

目前，应广泛开展民族传统体育活动，将其作为教育的一种有效手段，以培养个人意志品质和现代精神，进而满足全面发展的人的需求。

将民族传统体育的健身和休闲娱乐功能纳入健身娱乐类体育公共服务的范畴，能够为广大民众提供多元化的健身娱乐体验。民族传统体育项目具备丰富多样、文化内涵深刻等特征，既能够作为全民健身运动项目进行推广，也能够成为大众休闲娱乐活动的内容之一。参与民族传统体育运动，不但能够提升参与者的身体素质和挖掘生命潜力，而且能够挑战个人极限，进而增强参与者的体能。民族传统体育有着独特的精神魅力，能够满足现代人们日益增长的物质需要。民族传统体育休闲娱乐功能，是社会发展进程的产物。它既能够满足人们对运动乐趣的追求，又能够体现出个体独特的审美情趣。伴随社会经济的日益发展，人们对民族传统体育蕴含的体验价值、文化内涵等方面的需求也日益增长。同时，体育与生活之间的界限也慢慢被打破，其观赏性和娱乐性逐步融入人们的日常生活。民族传统体育在推进人身心发展的同时，也满足了大众多样化的需要。民族传统体育已经演变成一种更符合人性、更纯粹的精神需求和娱乐方式，为人类提供了健康、愉悦的休闲选择，同时也减轻了不必要的压力。有关研究发现，民族传统体育具备丰富多样的表现形式，展现出了独特的魅力。此外，民族传统体育不但在竞技和表演方面发挥着重要作用，也在积极推动休闲娱乐体育活动的发展方面发挥着重要作用。因此，借助举办一些具备民族特色的传统体育赛事来满足不同群体的健身需要是十分重要的。举办民族传统体育赛事不但能够激发人们对体育运动的热情，而且有助于推动休闲体育事业的蓬勃发展。因此，我们应该将民族传统体育融入全民健身体系，促进我国大众体育与休闲体育产业的共同繁荣。借助民族传统体育赛事的形式，人们得以实现身心放松和休闲娱乐的双重目的。

此外，民族传统体育不但承载着深厚的文化底蕴，而且在政治、经济等多个领域发挥着多重功能。因此，在对少数民族地区开展公共体育服务体系建设时必须考虑其多种社会功能。这些功能包括推广相关政策法规、促进全民健身活动、发布比赛信息、普及体育技能和知识、出版体育读物以及报道赛事等多种形式，以满足不同社会群体的需求。实物类体育公共服务的基本要求之一是提供体育场地、器材和设施，这是确保民族传统体育活动开展的必要条件之一。同时，民族传统体育还与其他类型的公共产品如旅游、医疗、教育等密切关联。由于其全方位的功能，民族传统体育得以积极参与和融入体育公共服务的各个领域。

三、民族传统体育的本质决定其体育公共服务的长效性

民族传统体育的介入有利于强化个体对完美自我的追求。人在这个过程中得到深刻的精神体验与愉悦。磨炼与付出之后，公众才能够得到完善的人格与至高无上的荣耀，而这恰恰是一种圣洁的自由与幸福。民族传统体育在强化参与者体能，提升其动作技能的同时，也能够充分展现其自身的文化价值，实现了教育、健身、娱乐的多重功能，更对人的精神、心灵及修养塑造有着深刻的意义与长久的效果，也能触发有关情感上的感受。

民族传统体育让人们看到了民族精神的社会意义，这是其他体育活动不可比拟的。民族传统体育使人们悟到了积极向上、永不服输、永不落伍、不断创新和超越自我的精神。对于一代代青少年而言，运动员迎难而上、艰苦拼搏，更是其楷模。民族传统体育中的各种活动规范，培育着平等、公平、规矩、团结与合作的观念，并不断地作用于人的行为准则。民族传统体育中提倡的对裁判、对手的尊重和对受众的有序尊重正是一种社会公序良俗。这一体育精神注重勇于竞争、团结协作、诚信友爱和亲民爱国等，受到社会主体的熏陶与激励。在目前我国社会发展的大背景下，这一精神有利于社会主义核心价值观和道德规范的塑造与加强。

所以民族传统体育对人的精神与情感带来的深刻影响具备长远的效应。这一特性使它在体育公共服务方面能够充分发挥优势。

四、民族传统体育对体育公共服务的“反哺”功效

民族传统体育对体育公共服务具有“反哺”功效，意味着民族传统体育能够拉动体育公共服务并实现二者联动。我们可运用此方法巩固民族传统体育基础设施，促进其他相关工程的开展，弘扬民族传统体育文化。该方法能够适应多元化民族传统体育文化的需要，还有利于文化产业多元化发展与“三位一体”建设。同时，该方式能够推动民族传统体育全覆盖发展。

1. 夯实民族传统体育基础工程

在推进体育公共服务方面，要建设完备的体育公共服务体系和建立与加固民族传统体育的基础工程。体育公共服务体系主要包含五个方面。一是指导服务体系。引进民族传统体育专才对社区开展体育指导以满足人们的需求。二是信息服务体系。它借助与体育有关的书籍、报纸、杂志等出版物，使人们共享民族传统体育取得的成就，从而获得精神安慰，感受民族传统体育的魅力。三是活动服务体系。借助民族传统体育竞赛和其他活动方式来调动民众对体育运动的积极性，使民众切身体验到体育公共服务的好处。四是设施服务体系。在场馆设施服务中，以体育场馆建设和闲置

场馆使用为主。从整体上看，我国对体育基础设施建设力度较小，中低档设施较多。大多数人的健身需求日趋增长，但与传统体育运动发展水平相比，还存在较大的距离。因此，政府部门应当做好体育基础设施建设工作，为群众提供比较满意的公共体育有关设施服务；新建体育场馆应兼顾群众需求与体育公共服务，尽可能避免重复建设；针对目前体育场馆对外开放使用不足，导致群众健身场地短缺的现象，政府部门应及时建立相应的管控机制和方法，指导管理单位增加体育场馆开放时间，规范收费标准，推出表演、赛事等活动，这样既能够避免资源闲置浪费又能够满足公众健身锻炼需要，同时还应当充分利用部分空闲竞技体育场馆，扩大对外开放面积。五是组织服务体系。鉴于组织保障体系尚不健全，亟须建设多层次组织保障机构。应该从政府部门间职能合作、政府和社会组织职能互补以及政府和市场组织职能互益三个方面，对体育公共服务组织体系进行创新；我们必须用整体性和系统化的视角与方法促进民族传统体育改革及发展，以发挥民族传统体育整体功能；推动各级政府切实发挥体育公共服务职能，以基层体育公共设施建设与使用为抓手，充分挖掘基层体育公共设施优势，发挥基层组织作用，使整个社会都能享有体育公共服务和增加体育锻炼的次数，达到普及的目的。

2. 推进全民健身、体育产业、农村体育、学校体育和社区体育的发展

民族传统体育借助“反哺”手段，可以在体育公共服务上推进全民健身、体育产业、农村体育、学校体育和社区体育的开展。在体育公共服务发展过程中，要更多地利用设施服务、信息服务以及指导服务等为广大人民群众提供更加优质的体育公共服务，使人们感受到普及体育公共服务对推动全民健身工作的重要作用；同时，在体育公共服务中，为满足人们的体育需求，必须构建与完善体育装备和器材、体育服饰等消费体系，同时促进体育产业发展；应在民族传统体育的带动下，推动农村、学校和社区体育活动的开展，增加农村、学校、社区运动场地；另外，还应当经常举办民族传统体育比赛，来调动人们对体育运动的积极性。同时也

可经常邀请民族传统体育专家深入农村、学校、社区等地开展体育指导工作，以促进体育运动知识的普及。通过上述举措，让广大人民群众参与到体育活动中去，让农村体育活动、学校体育活动和社区体育活动得到进一步发展。

3. 弘扬民族传统体育文化，满足多元民族传统体育文化需求

大力发展民族传统体育文化的方案包括两个方面。一方面是项目文化，如武术文化，其目标是民族传统体育的偏好人群，也就是武术群体。借助这种方式来广泛展示民族传统体育的项目文化，有助于满足各个阶层群众的多元需求，进而丰富民族传统体育的文化内涵，也为其推广与传承创造了良好的条件。另一方面是衍生文化，包括摄影、影视、服装、音乐等。以摄影文化展现民族传统体育，可以举办摄影展，捕捉几个民族传统体育明星的特写镜头，将民族传统体育蕴含的健身精神充分地展现出来，激励人们，使他们在衍生文化中感受民族传统体育的震撼力。服饰文化更侧重少数民族传统服饰的展示，以此彰显民族精神与力量，将民族传统体育的精髓通过服饰展现出来。民族传统体育运动员成长过程中还渗透着音乐文化，通过歌曲传递国人对运动员的赞誉。这背后彰显了我国民族传统体育运动的强大震撼力，同时也揭示了每位运动员背后的故事。为了丰富我国的文化市场，我们应当充分借助衍生文化的发展，创造更多文化元素，提升文化多样性。借助发展民族传统体育的衍生文化，满足人民群众多样化的需求，进而拓展公共文化体系的内容。除此之外，还要借助政府宣传渠道将这些文化活动推广到人们的日常生活中，以满足他们的文化需求。为了弘扬民族传统体育文化，应当积极发挥政府在传承和创新领域中的作用，注重利用大众媒体手段，逐步开展宣传活动，推广这些优秀传统文化，并对体育公共服务内容进行全面升级，以促进其持续发展。

4. 丰富文化产业

伴随全球经济的快速发展和人们生活水平的提升，民族传统体育已经

成为体育公共服务的关键组成部分。民族传统体育不但包括各种体育项目和体育竞赛，还涉及各种体育文化和体育艺术表演。这些活动不但满足了人们日常生活的娱乐需求，还有助于加强国家文化的交流和传承。对于体育公共服务而言，民族传统体育扮演着至关重要的角色。一方面，民族传统体育被看作对公共健康的一种“反哺”。在现代生活中，人们往往会遭受各种各样的健康问题，而体育活动能够帮助人们锻炼身体，提升身体素质。凭借参加民族传统体育项目，人们能够更好地保持健康状态，并且改善自己的体质。另一方面，民族传统体育也被看作一个系统工程。在体育文化发展过程中，民族传统体育的目的在于打牢宣传文化发展的经济基础。借助民族传统体育的开展，可以促进人们对体育文化和体育艺术的了解，进而推进体育文化事业的稳步发展。随着时间的推移和网络时代的繁荣，大众不但能够借助各种局域网连接网络渠道收看民族传统体育文化节目，还能够浏览数字图书馆、阅读期刊、观看体育赛事才艺表演，极大地丰富了人们的业余生活。并且，借助大众传媒的传播，人们能够更多地了解体育赛事和体育表演，促进了体育文化的发展，丰富了文化产业内容。在未来，随着科技的逐步进步和人们生活水平的慢慢提升，民族传统体育仍将继续发挥重要的作用。同时，我们也应该看到，要想让民族传统体育在未来得到更好的发展，还需要更多人才和资金的投入，并且需要不断地创新和改进。只有这样，才能够让民族传统体育更好地服务于人民体育文化事业的发展，为国家的繁荣和文化的交流做出更大贡献。

5. “三位一体”有利于民族传统体育的全覆盖

民族传统体育是中华民族的宝贵文化遗产，有着深厚的历史和文化底蕴。在现代社会，随着人们生活水平的日益提升和体育健身意识的增强，越来越多的民众开始关注民族传统体育，并投身于其实践活动。因此，在体育公共服务方面，应充分利用社会力量和组织作用，努力构建职业民族传统体育、专业民族传统体育、业余民族传统体育“三位一体”的体育公共服务组织类型，进一步推动民族传统体育的发展和普及。

职业民族传统体育是指以专业的形式向公众呈现专业的竞技比赛，并借助体育传媒为公众提供职业体育带来的文化盛宴。此类体育组织需要专业性的运营和管理，以保证比赛的公正性和权威性。同时，职业民族传统体育也需要拥有一定的商业运作能力，通过品牌推广和商业合作为其发展提供资金保障。例如，中国民族传统体育协会可以组织一些大型赛事如全国民族运动会、全国少数民族传统体育比赛等，吸引广大民众参与其中，提高比赛的知名度和影响力。专业民族传统体育具有特殊性，主要通过竞赛的方式向大众展示激发人们拼搏奋斗的体育精神。在此类体育组织中，应该注重人才培养和赛事组织，通过培训和比赛的形式选拔与锻炼一批优秀的运动员及教练员。同时，专业民族传统体育也应该注重赛事的公开和透明，公正而公平的比赛结果是其可持续发展的重要保障。例如，中国少数民族传统体育运动协会可以通过组织各种民间传统项目的比赛，增加民众对少数民族文化的认识和了解，提升少数民族传统体育的地位和影响力。业余民族传统体育以业余活动为主，可以更好地贴近群众，为群众提供体育指导服务。在此类体育组织中，应该注重基层组织和人才培养，通过开展体育课程、训练营义务教学等形式，普及民族传统体育知识和技能，提高群众健身意识和技能。此外，应该注重对业余民族传统体育的规范和管理，制定相关的规章制度，确保活动的安全有序进行。例如，中国民族传统文化艺术促进会可以通过组织各种文化体验和民俗活动，吸引更多人参与到业余体育活动中来。

“三位一体”的“职业、专业、业余”体育公共服务组织类型的发展，将有助于实现民族传统体育的全民覆盖，使其更好地为社会提供体育公共服务。同时，在各种类型的民族传统体育组织中，也需要加强宣传和推广工作，以提高其知名度和影响力。例如，可以通过新闻媒体报道、传播、网络平台体育赛事等形式，让更多的人了解和参与到民族传统体育中来，推动其更加广泛地传播和发展。总之，在体育公共服务方面，应该充分发挥社会力量和组织作用，构建“三位一体”体育公共服务组织类型，坚持创新发展，推动民族传统体育的发展和普及。

第三节　文化视域下高校公共服务与民族传统体育的协同关系

一、文化视域下民族传统体育融入高校公共服务的价值

（一）有助于充实高校体育的课程体系

民族传统体育是我国各个民族在长期的社会实践中慢慢积累起来的、十分珍贵的民族文化遗产，它有着独特的运动锻炼价值和体育文化教育功能。在我国，民族传统体育项目的分布极为广泛，具备鲜明的地方特色。例如，东北地区的民族传统体育项目包含满族的珍珠球、狩猎、赛威呼，赫哲族的渔网角力、拉杠、顶杠、杜烈其，蒙古族的骑马和射箭，等等；西南地区的民族传统体育项目包含秋千、舞吉保、划龙舟、射弩等特色项目；中原地区的民族传统体育项目不但包含摔跤、骑马、射箭等适宜武士的竞技类体育项目，而且包含打步球、投壶等适宜文人的娱乐类体育项目。[①] 不同的运动项目对地方的体育文化生活有着十分显著的教化功能，也为地方高校的体育公共服务提供了极为便利的教育资源。把民族传统体育项目融入高校体育教学，能够大大丰富高校体育教学的内容。另外，把民族传统体育项目融入高校体育，能够激发学生参与体育学习的积极性。在体育锻炼的过程中，能够培养学生的情操与团结协作的能力和创新能力，进而提升高校体育教学的质量，有助于大学生实现良好的体育锻炼效果。在对大学生开展体能测试的现实情况下，设立民族传统体育课程，不但能起到充实大学体育课程、提升体育教师课堂教学效果的作用，而且能为大学生提供更加丰富的体育资源和体育活动内容，让学生在大学期间就能养成热爱体育运动的良好习惯，并且学会一项民族传统体育的知识与技

---

① 刘少英，田祖国，吴永海，等．湘、鄂、渝、黔边少数民族传统体育项目分析及其发展研究[J]．北京体育大学学报，2001，24(2)：152 – 154.

能。当前阶段，在我国各大高校中，民族传统体育的教学模式大同小异，许多高校均采用以传授运动技能为主的教学模式和体能测试模式。然而，在中央民族大学、中国农业大学，以及广西民族大学等多所学校，对“打陀螺”“抢鞭炮”“珍珠球”等民族传统体育项目的教学效果评价都是比较好的。所以，从高校体育公共服务的理论与实践出发，分析我国高校的体育教学内容，应该突破“体育就是竞技体育”的狭隘思想，积极引进课程超市的体育教育理念①，把民族传统体育项目融入体育课程体系，逐步丰富和完善高校体育教学内容，为学生提供更多的体育课程选择。

（二）有助于提升大学生体育文化素养和综合能力

体育文化素养指的是人们在先天基础上，受体育和社会环境影响慢慢形成的一种相对稳定的体育素质。体育文化素养主要包含体育知识、体育技能、体育个性、体育行为、体育品德和体育意识六个方面。个人的体育文化素质外在表现为体育技能、体育行为和体育知识，而内在动力则包含体育个性、体育品德和体育意识。“健康第一”是目前我国社会最主流的价值观念，提升大学生的体育文化素养有助于其身体健康。传统的民族体育项目不但具备极高的社会参与性，而且与日常生活和生产密不可分。通过参与这些民族传统体育活动，大学生可以更好地了解社会生活和社会责任，并深入思考个人行为与社会的关系，进而增强对自身、他人和整个社会的责任意识。大学生在参与体育运动时，需要平衡个体与集体、合作与竞争、强势与弱势之间的关系，这有助于优化大学生的体育道德品质。参与各种各样的民族传统体育竞技项目，能够缓解大学生的心理压力，提升他们的学习竞争意识，进而增进团队意识，增强社会责任感。教育应当担负起传承和弘扬我国优秀民族传统文化的重任。把民族传统体育融入高校体育教学，可以通过多种活动方式让大学生领悟民族传统体育文化的内涵和精神，同时，在体育锻炼过程中潜移默化地培养对民族传统文

① 赵俊芳，葛庆贺．“双一流”背景下我国大学课程超市的困惑及其超越[J]．现代教育管理，2019(4)：101－105.

化的热爱，学习并弘扬其底蕴和精神，进而树立坚强的意志和进取的精神。

（三）有助于增强大学生传承与发扬中华优秀传统文化的意识

民族传统体育不仅是一种体育形式，更是各个民族优秀文化的综合展现。民族传统体育包含各个民族的民族精神、伦理道德、审美情趣等元素，是展现民族文化和生活方式的一种形式。我国民族传统体育文化与西方体育文化有着巨大的差异，不以资本主义的商品经济为基础，也不以物质利益作为目标，反而注重功利性的减弱。我国民族传统体育是基于中华民族的优秀传统文化，在漫长的历史演进过程中逐步传承和发展而来的，形成了独特的体育运动形式。民族传统体育的结构是由价值观、社会关系和物质实践三个维度构成的。总体而言，中华民族传统体育的价值观念折射出了中华民族的传统精神，社会关系层面重点体现的是中华民族的社会生活，而物质实践层面则主要展现的是中华民族的物质生产活动。我国民族传统体育具备极为丰富的文化内涵和深厚的历史底蕴，其价值不仅在于强身健体、娱乐身心、增进健康等方面，而且在于其在健身、养生、娱乐、教育、观赏等领域中发挥着十分有利的功效。从价值观上来看，民族传统体育彰显了中华民族团结互助、坚持锻炼的习惯，以及友谊比竞赛更重要的特征。从文化层面来看，不同地区的民族在民族传统体育方面展示了各自独特的生活背景、风俗习惯和不同的民族精神与民族特色。另外，我国民族传统体育的语言、技术、图案符号和色彩表达等形式，具体反映了其蕴含的民族传统体育价值和精神世界。我们要在继承中寻求创新，在传承中推动发展。通过深度挖掘、精心整理和巧妙创新的民族传统体育项目，在新时代注入了健身、娱乐、教育等多重作用和功能。这种体育教育不但保留了该族群的传统特色，还十分契合现代社会文化价值，在我国新时代体育运动发展中有着极为重要的地位。在高校中，专业体育教育和公共体育教育是不可或缺的构成部分，它们密切相连、互相促进，是构成我国高校体育教学体系的重要一环。我国高校十分注重专业和公共体育教育，旨在培养学生在专业体育和公共体育方面达到高水平。此外，高校还为扩展学生的体育领域提供了充足便利，如开设民族传统体育课程等。面对西方竞技运动的强烈冲击，一些高校引入了民族传统体育项目，有利于大学生拓展体育知识，提升他们对中华民族优秀传统文化价值体系的认知水平。此举可以培养大学生的民族自信心和自豪感，增强民族凝聚力，推进民族传统体育的传承和发展。民族传统体育蕴藏着时代的精髓，对人类文明和当代社会都具有极为重要的意义。当前，我国许多民族地区的高校在体育教育的实践中引入了民族传统体育项目，成为民族地区高校公共体育教育的重要内容。

二、文化视域下高校公共服务与民族传统体育的协同关系

（一）文化视域下高校公共服务与民族传统体育协同关系的互通之思

第一，在文化领域，高校公共服务实际上是一种文化服务。我国高校公共服务以文化为核心，与其他国家的实践有所差异。高校公共文化服务在落实和宣传社会主义核心价值观方面起着十分重要的作用，是践行社会主义核心价值观的出发点。这与现行倡导的社会主义核心价值观一脉相承，彰显着浓郁的中华特色。因此，我国的公共文化服务致力于唤醒全体人民的文化自觉，促进其文化觉醒，重点体现在推进公共文化空间的构建、坚守社会主义核心价值观等方面。这是中国特色社会主义文化发展的根本宗旨。然而，民族传统体育是中国特色社会主义文化发展的基本前提之一，也是全民族文化觉醒的重要表现形式。作为中国优秀传统文化中的珍贵财富，民族传统体育集聚了全国各族劳动人民的智慧和汗水，是文化“星海”中耀眼的明星。它从历史肥沃的土壤中生长出来，成为中国文化摩天大厦的基石之一。中国传统体育的内在文化蕴含深厚，具备浓郁的中华民族特色和文化要素。这一点是高校公共文化服务建设和民族传统体育之间最基本的文化交流之源。

第二，尽管我国公共文化服务已经取得了明显进展，但在实现均衡服务方面，依旧面临着巨大的挑战。尤其是城乡间存在极大的差距，这是不

容忽视的现实。因此，我国目前的农村公共文化基础设施建设还相对薄弱。此外，长期实行的财政投资体制偏向城镇，不可避免地导致城乡不均衡的“二元结构”。这一不均衡状况已经成为我国公共文化服务发展的关键性阻碍因素。同时，与我国公共文化服务的发展状况截然不同，我国有着极为丰富的民族体育项目，虽数量众多，但是更多的项目在乡村里默默无闻。《中国体育报》报道，中国共有977项民族传统体育项目，其中，320项是有典籍可查的，但现在还在流传和推广的不到30项。所以，民族传统体育的发展浪费问题——资源丰富但缺乏管理与高校公共文化服务建设亟须开展但缺乏前提条件的问题，形成了鲜明的对比。为此，应当在民族传统体育的原发地实现有效对接，实现资源共享和文化互通，实现高校公共文化服务与民族传统体育的协调发展。

第三，在我国，公共文化服务是伴随构建服务型政府和文化体制改革的推进应运而生的。它旨在满足人民群众的精神文化需求，为群众提供更多公共文化产品，创造更多公共民生文化，进而进一步提升国家的文化软实力。通过公共文化服务，政府能够对公众实施管理和引导，让文化产生更加积极的社会影响。高校公共文化服务能够在文化治理中扮演更加关键的角色。现代治理已经从以国家权力的强制为主转为以认同、说服和协商为主，因此，高校可以依据地方特色开展具有特色的公共文化服务，增强大学生的文化认同感，将维护族群文化的责任赋予更多的社会参与者。比如，高校可以借助具有地方特色的节日开展庆祝活动，以传承民族体育文化并增加大学生的文化认同感。通过这样的活动，不但能够让族群文化更具凝聚力、更受认可，也有助于建设和谐社会和提升国家文化软实力。高校公共文化服务的发展，需要将发展民族传统体育作为基本观念。在中国文化的漫长历史中，民族传统体育扮演了非常重要的角色。民族传统体育文化作为我国优秀传统文化中的重要组成部分，一直都是我们文化软实力的重要表现形式。高校可以借助各种方式，如开设体育课程、组织运动会等活动，让大学生更好地感受到民族传统体育文化的丰富内涵，从而形成深厚的文化认同感。此外，高校公共文化服务还需要发挥社会公益的作用。高校作为教育机构，应当积极履行社会责任，关注社会问题，为公众提供更多的公益服务和帮助。通过公益活动，能够推广公共文化服务的理念，让更多的人认识到其重要性。总之，高校公共文化服务的发展是一个既需要思考又需要实践的过程。通过深入思考，加强协同合作，可以更好地推动公共文化服务事业的发展，为建设和谐、美丽、富裕的中国社会做出贡献。

（二）文化视域下高校公共服务与民族传统体育协同关系的互动之辨

马克思的辩证法指出，世界是一个互相关联的整体，一切都是有着联系的，要用发展、辩证、联系的眼光来剖析问题。因此，民族传统体育的发展和高校公共文化服务建设之间存在文化、资源、理念等多方面的互联，必然会互相影响和产生互动。高校“惠民”公共文化服务，“文化性”是其重要内涵；“民族性”有力地助推了高校公共文化工作的“认同”；“趣味性”则能够激发大学生的参与热情；而“多样性”的民族传统体育则是充实高校公共文化服务内容的一种关键途径。高校公共文化服务工作的有序开展，有效推动了民族传统体育的传承和发展，二者相互依存、相互促进。

1. 民族传统体育的“文化性”，是普及高校“惠民”公共文化服务的核心要义

毋庸置疑，“文化是民族生存和发展的核心力量，是文明历久弥新的桥梁，是人类文化传承的重要环节”。我国民族传统体育源于民族文化的熏陶，在长时间的酝酿和积淀中逐步壮大起来，因此成为中华文化传承和发展的重要载体。这是一种打上了民族烙印、深植人民生活、凝聚着浓郁文化气息的民间文化。针对其面临的多重危机，不能仅停留于辉煌的过去，而应当实现“转型”“换挡”，加速其现代化步伐，避免落后被淘汰，湮灭在历史长河中。否则，我们就难以感受到浓郁的文化氛围，缺少传统记忆沉淀的积累。强调、继承和发扬民族传统体育，是为了不让历史抛弃

我们，促进文化传承。如果“现代化”是一道阻碍人们“穿越”历史的“铁门”，那么，民族传统体育“文化”便可作为“金钥匙”，顺利开启这扇门。高校公共文化服务的“金钥匙”应交给广大市民，而高校又是高校公共文化服务的最佳“保管者”和最佳“传递者”。

近年来，伴随服务型政府建设的大力推进，公共文化服务已经成为一项关乎文化民生的重要工作。这不仅是政府的任务，更是“文化惠民”工程实施的重要一环。文化惠民实践实际上是对人民的文化熏陶和教育，这是公共文化服务的内核。因此，在公共文化服务中，文化性是不可或缺的，尤其在“惠民”的公共文化服务中，文化性更是至关重要。高校公共文化服务建设要持续向学生提供公共文化产品或服务，以满足其精神文化需求，提升他们的文化素养，有着极强的公益性和公平性。在这种公益性的建设中，民族传统体育文化应当被看作这类文化产品或服务的替代者，应当作为提升大学生文化素养水平的参与者。几千年来，中华民族培育了卓越的传统文化，这一文化经过不断发展和积淀，凝聚了中华民族对自然、社会和生命的深刻理解与真实感受。该文化还包括深层的思想、观念以及精神追求，这同样存在于民族传统体育的文化中。因此，增强民族传统体育的“文化性”，是提升大学生文化素养的基本要求，也是实现“惠民”公共文化服务普及的核心精髓。

2. 民族传统体育的“民族性”，是提升高校公共文化服务“认同”的可靠保障

众所周知，民族是一个具备稳定心理认同、共同历史、语言和文化的人民群体。在这种民族理念指导下，我国是一个由56个民族构成的多民族国家，形成了“大杂居，小聚居”的格局。全国共有977个传统民族运动项目，其中，少数民族的运动项目就多达676项。毋庸置疑，各个民族因地理环境、宗教信仰、价值观念、生活方式等方面的差异，培育出多样化的民族传统体育项目。尽管体育运动具备跨越国界和民族的神奇功效，但是在发展过程中，民族传统体育仍难摆脱国家权力的制约。这也是国家鼎盛不衰的重要原因。此外，国家的情感、意识和理念是我们了解自我与历

史真相的重要标准。它们像“强心剂”一样，可以提高我们的国家认同感和自豪感。例如，傣族的“象脚舞”和“龙舟比赛”，彝族的“赛马”和“斗牛”，蒙古族的那达慕大会上的“摔跤”和“射箭”，以及苗族的“荡秋千”和“高脚对抗”等活动都是很好的证明。每当时节到来，各地便会如约举办传统体育活动，欢歌笑语，共襄盛举。这不仅是对国家文化的认同和遵循，更是凝聚民族情感和价值观不可或缺的一环。从这里可以看出，民族传统体育源自独特的“民族性”，展现着强烈的民族特色，也为提升民族认同感贡献了重要力量。

在建设我国高校公共文化服务体系时，必须遵循“实事求是”的原则，以本土、地方特色为基础，强调其民族性，以获得学生的认同感。因此，高校提供和投资的公共文化产品应符合大学生的身份与需求，否则将导致资源巨大浪费，供需失衡。然而，在高校公共文化服务的实际建设中，大型体育场馆通常没有得到有效的利用，因为高校更多地采用了自上而下的逻辑，而没有考虑到学生对体育活动的需求。这些“不必要的供应”并没有考虑大学生的实际情况和长远效益，而倾向于修建运动场馆，这背离了以学生为中心的服务宗旨，导致资源的浪费，同时也可能使大学生参与体育运动的积极性因此而降低。因此，应该重新振兴广受欢迎的民族传统体育，将其打造成高校最佳的公益物品，其具有的“民族特色”则应成为提高高校公共文化服务认同度的重要措施。

3. 民族传统体育的“趣味性”，是激活高校公共文化服务“参与度”的必要条件

《休闲·游戏·麻将》一书中介绍，生活除了阳光、空气、水，还有两样重要的事物：休闲和游戏。倘若没有闲暇时间，我们就无法继续生活。同样，缺乏游戏的生命，想要进化也是一项艰难的任务。在现代社会，伴随人们物质生活水平的提升，我们越发需要注重娱乐活动。① 因此，在当前物质生活相对富裕的条件下，更应当关注娱乐的持续性发展。在提

① 于光远，马惠娣．休闲·游戏·麻将[M]．北京：文化艺术出版社，2006.

升大学生的生活素养和生活质量、实施高校公共文化服务的过程中，应当激发大学生广泛参与的积极性，而学校提供的产品或服务的趣味化是其中重要因素之一。趣味性是让人得到乐趣的主要原因，也是一种能让人更好地参与其中的有效方式。通过提升高校公共服务的趣味性，可以激发大学生内生性的潜能，将他们从公共文化建设的旁观者和被动接收者转变为最强劲的参与、推动与共建者。缺乏大学生的积极参与，公共文化服务建设将难以落地生根。民族传统体育与当地民俗节日息息相关，富有娱乐性和趣味性。比如，哈尼族的“六月节”，高山族的“五年祭”、竹竿顶球活动，苗族、壮族的“龙舟节”等活动，广受欢迎，吸引了大批民众的积极参与。从这一层面来分析，民族传统体育在提升高校公共文化服务建设的参与度和大学生整体素质方面具有卓越的优势。高校公共文化服务提供的产品，若想得到广大学生的高度支持和积极参与，其趣味性至关重要。因此，民族传统体育的“趣味性”在激发高校公共文化服务的“参与”层面上具有不可替代的重要性。

4. 民族传统体育的“多样性”，是繁荣高校公共文化服务“内容”的有效手段

有学者研究指出，文化的多元性决定着民族传统体育的丰富多彩。中华文化孕育的各种形态的民族传统体育，不仅数量庞大、内容繁多，而且每个民族、每个地域都有各自独特的参与方式、传承模式以及玩法。因此，项目的空间分布、比赛时间和参赛人数等都能彰显出民族传统体育的多样性特点。然而，在我国少数民族地区的公共文化服务构建中，却忽视了这一明显的优势。因此，国务院在 2015 年发布的《关于加快构建现代公共文化服务体系的意见》中特别提出，要以“我们的节日”为主题，组织开展群众性民俗活动；传承并发展民族民间传统体育，并广泛开展多种形式的群众性体育活动。该指示进一步促进了我国传统体育和高校公共文化服务的融合与衔接。

不可否认，民族传统体育颇具多样性，为高校公共文化服务提供了多元化的选择。据证实，一部分公共文化服务是遵循文物遗产保护、传统文

化创新与继承的原则而提供给大学生的。这同样说明，在构建现代高校公共文化服务体系时，需要善于挖掘和利用优秀传统文化资源，特别是那些具有浓郁地方色彩的文化遗产和非物质文化资源。民族传统体育是文化遗产“活化”的一个经典案例，多样性是其独特之处，对高校的公共文化服务起到了很好的补充作用。高校领导应当予以关注，并充分认识到其中包含的价值和作用，尤其是在少数民族地区，这一点尤为重要。民族传统体育不但内容丰富，而且“表现出了独特的优势，即较少受到运动场地和器材的限制，场地可大可小、取材可简可繁，不需要投入大量的资金”，如抖空竹、打陀螺、踢毽球等。这样，就能够使“多样性”的民族传统体育，成为丰富和发展大学公共文化服务的“内容”。

三、文化视域下高校公共服务与民族传统体育协同关系发展的阻力及出路

（一）文化视域下高校公共服务与民族传统体育协同关系发展的阻力

不同的生存环境孕育了独具特色的民族体育，其中蕴含着丰富的民族文化元素。而在当今社会背景下，民族传统体育遭遇到了社会化变革的挑战，要想将其纳入高校体育公共服务教育的大课堂，需要融入和发展其体育精神，因为仅仅融入体育形式显然不足以支撑其未来发展。

1. 高校对民族传统体育的重视程度不高

民族传统体育活动项目均源自生活，是与人类社会生活密切相连的。在漫长的发展历程中，民族传统体育逐步形成了多种特点，其中，趣味性、大众性、多样性和时尚性等特点相对突出，这些特点是千百年来我国社会文化的精华所在。民族传统体育受众范围广泛，人们对此参与度高，凸显了多元化的生活场景与生活方式中流淌着的文化美学。然而，我国少数民族常居于交通不便的地区，再加上“十里不同风，百里不同俗”等因素的影响，导致他们的传统体育活动呈现出地域封闭的特点，并缺乏跨民

族文化的横向交流。因此，在传承民族传统体育时，经常受到封闭的发展空间限制，导致体育项目内容和形式单一，受众狭窄，缺乏整合和进一步发展的机会。在漫长的历史生活过程中，各个民族的传统体育项目逐步形成了一种以自我为中心的文化传播方式。尽管这种方式在传播民族体育项目时保留了项目本身独有的特色，但同时也强化了其内化作用，让外化作用逐渐减弱。所以，为了有效保护我国的民族传统体育，应当加强对其的了解和认识，使其得以真正融入学校的体育教学和学生生活。

2. 高校民族传统体育项目的教学创新不够

中国传统体育是极具标志性的本土体育文化，深受国内外人士推崇。在全球化的大背景下，我国民族传统体育不可避免地受到西方体育和现代体育的冲击，导致其在交流的广度和深度方面受到了极大的限制，与现代体育之间也出现了巨大的差距。[①]然而，目前我国高校尚未充分开展民族传统体育的教学工作，教学效果更是无法准确评估。鉴于全球化趋势下的多元化健身、审美、娱乐需求和现代化运动形式的挑战，民族传统体育的发展亟待加强。为适应不断变化的生存发展环境，民族传统体育须以更开放的心态迎接挑战。但在我国，部分传统体育项目发展缓慢，仍停留于顺其自然阶段，未能拓展创新，形成发展新模式。故而，许多民族传统体育项目虽然各有特色，但无法持续发展和大力推广。“一流的本科教育有赖于一流的专业教育，一流的专业教育必须完成对传统专业教育模式的超越。”[②] 所以，我国民族传统体育要同时应对传承传统特色与现代化发展的双重挑战。在这样的背景下，我国民族传统体育的传承与发展面临两难抉择，如何在保持民族特色的同时推动现代化十分关键。这既是时代赋予的任务，也是民族传统体育未来发展的趋势。

---

① 宁海天.“民族传统体育＋音乐”的发展路径——以岭南传统体育项目“南狮”为例[J]. 体育学刊,2020(5):64－67.

② 潘懋元,刘振天,王洪才,等. 要勇敢面对一流本科教育这个世界难题(笔谈)[J]. 教育科学,2019,35(5):1－16.

3. 高校缺乏充足的民族传统体育教育资源

我国高等教育的目标与责任已转向培养全面发展的高素质人才。高校大学生健身理念的改变，增加了他们对健康的需求并提升了其参与体育健身活动的热情。伴随社会经济的向前推进，大学生对体育运动的追求逐步提升，他们对不同的体育项目有着不同的偏好。在体育文化的熏陶下，民族传统体育活动的普及将引导学生更加科学、合理地选择适合自己身体状况的运动项目。一方面，主要体现在一些体育项目没有时间和季节上的限制。比如在选定器材和场地方面，高校可以不受气候条件和活动场地的影响，随时选择相应器材和场地，从而为高校开展体育活动带来更加便利的条件。[①] 另一方面，我国民族传统体育历史悠久，种类繁多，其独特的文化内涵与特色在世界上占有重要地位。因此，需要加强对民族传统体育的挖掘和推广。然而，当前我国高校在民族传统体育教学方面仍存在一些问题。由于采用单一的体育教学模式，加上教学内容侧重教授学生现代体育项目如田径、球类等，因此，对发展民族传统体育提出了更迫切的需求。此外，各高校在校园体育方面采用的活动形式基本相同，仅有部分少数民族学校增加了较多的传统民族体育项目。同时，目前我国普通高等院校中传统民族体育课程设置数量较少，并且这些课程的设计等方面存在诸多难题，制约着课程的全面发展。在当前体育教师的教学实践中，仍存在学科价值挖掘不深入，与实际操作联系不紧密以及学科价值影响力覆盖范围较窄等问题。[②] 另外，在我国高校体育公共服务教学计划中融入民族传统体育项目具有重要意义，但同时也存在许多限制因素，例如，民族传统体育教材数量不足、师资力量不足等，无法完全满足民族传统体育素质教育的需求。因此，高校体育公共服务教学计划中民族传统体育项目的开设较少，不能全方位反映出地区的民族传统体育特色。

---

① 李鸿宜，韩重，姚蕾阳，等．少数民族传统体育传承困境与发展对策[J]．体育文化导刊，2020(5)：49－55.

② 杨东博，张强．新时代我国体育教师学科价值认知度的提升[J]．现代教育管理，2019(8)：88－92.

（二）文化视域下高校公共服务与民族传统体育协同关系发展的出路

1. 开展趣味体育竞赛，加强民族传统体育项目的交流

为充分发挥高校体育公共服务的作用，推动民族传统体育的不断发展，必须采取有效措施加强高校体育建设。加强传统趣味体育比赛，一方面，有助于体育事业的长远规划和发展，明确高校民族传统体育的目标和方向，为高校体育教学提供有效的文化支撑，推进社会文明进程；另一方面，有利于增强大学生参与民族传统体育的兴趣，促进大学生弘扬传统体育文化精神，塑造健全的人格。从这个视角而言，加强传统娱乐性体育赛事的活动有助于传达其文化内涵和社会意义。对此，我们应该重点考虑下面几点。

其一，可以将高校间的民族传统体育比赛，作为校际体育比赛的一部分，进而将民族传统体育融入高校体育公共服务。这对丰富高校体育项目、助推高校体育公共服务的创新和文化建设有着十分重要的意义。我国的民族传统体育包含丰富的项目和多样的文化特色，每种体育项目都有其独特的民族性和艺术性。民族传统体育是各地原生态、不同民间文化的体现，真实写照了各民族历史社会的生活状况。它体现在各族人民的日常农耕、游牧、渔猎和商业活动中，展现出多元文化内涵，是我国优秀传统文化的重要组成部分和传承载体。借助高校民族传统体育比赛的实践和应用，可以对中国丰富的体育文化和体育精神进行概括、探究与提取，了解各民族祖先的生命轨迹和发展历史，进而更全面地认识各民族的发展进程。

其二，能够开展学校内的民族传统体育项目表演和竞赛活动。在设置和开展民族传统体育课程时，应当强调课程的灵活性、艺术性和民俗性，旨在提升大学生对传统体育的兴趣。此外，高校还可以借助各种形式的体育比赛，促进民族传统体育的传承和发展。现阶段，我国高校仅在大一、大二阶段开设民族传统体育教育课程，而其他年级则无此类课程。为推广

民族传统体育，高校应扩大其教学范围。设计教学方案时应增加民族传统体育内容，以弥补现有课程的不足。将民族传统体育项目融入高校体育公共服务体系，不仅能够提升学生的身体素质，而且能够满足其体育学习和兴趣的需求。

2. 与现代体育融合发展，加快民族传统体育的现代化进程

我国高等教育已进入普及阶段，必须继续深化教育改革，在重建教育观念、创新人才培养方式等领域继续探索。民族传统体育是中国体育事业的关键构成部分，也是宝贵的历史文化遗产。在高校体育公共服务教育中，将民族传统体育与现代体育有机地结合起来，十分必要。

其一，把民族传统体育项目和现代化体育运动纳入高校体育公共服务的教育内容。当前，我国高校体育课程受西方现代体育的影响颇深，忽视了其他体育项目的发展。基于这样的现状，需要在高校体育教学中加入民族传统体育，扩大其生存与发展空间。把我国民族传统体育项目引入高校体育教学，不但能够弘扬民族文化，丰富课程内容，而且能够提升高校的知名度和美誉度，培养体育人才，推进传统体育的现代化发展。此外，加强高校民族传统体育课程的教学，有助于发掘、整合、保护和传承民族传统体育文化，促进其更广泛地传播。民族传统体育项目有着极为丰富的保健、教育和经济价值，能够充实大众休闲娱乐生活，更能够激发民族精神，增加民族凝聚力，实现民族团结。中华民族传统体育是中国进一步发展成为体育强国的重要组成部分。它不但有助于提升民众的身体素质，提升民族体育的竞技水平，而且对促进民族体育科研事业的繁荣起到了至关重要的作用。在政府扶持下，民族传统体育的文化内涵被进一步挖掘，人民健身和体育公共服务得到推动，逐步实现民族传统体育的大众化、通俗化、时尚化、现代化的发展，进而攀上中华体坛的高峰，开始向国际竞技体育的高度迈进。为了在高校体育教学管理中达成目标，需挖掘、整理、改造，并赋予民族传统体育以现代的健身、教育、娱乐等功能，提升现代大学生的健康素养。这样可以保留民族传统体育文化特色，并融入现代体育的理念。

其二，把高校的民族传统体育文化融入校园文化建设。各个民族共同创造的民族传统体育文化在健身与文化方面均有较高的价值，并包含丰富的民族特色和智慧。在我国的体育文化中，中华优秀的传统文化价值也得到了充分展示。我国传统体育文化汲取了儒家道德标准中的仁、义、礼、智、信等理念，更凸显了“尚强重义”“内外兼修”“德艺统一”等高尚的武学精神。随着民族传统体育和其他文化如戏曲、现代体育的普及发展，它们之间慢慢融合互相促进，呈现出新的发展变化。高校教育在中国的传统体育文化中扮演了重要角色。将民族传统体育文化融入高校校园文化建设，可以使大学体育教师更好地发挥教学价值。民族传统体育文化强调诚实守信、顺应自然、天人合一、礼义仁爱。这些优良品质能够融入学校文化，有助于实现学校立德树人的目标。在新时代中国特色社会主义背景下，高校应当增强对传统民族体育的教育，提升其竞技水平，加强对其的保护和传承工作，为中华优秀传统文化的传承和发扬做出自己的贡献。高校应当充分发挥人才资源和场馆设施的优势，把民族传统体育纳入高校体育公共服务系统，充分施展学校体育教科书的功能，促进中华体育精神的建设。在高校体育教育中，应当关注学生的思想道德价值体系建设，形成全民健身的良好风气，将民族传统体育文化与高校体育文化有机地融合在一起。

3. 采用参与式体育公共服务管理模式，提升大学生的健康水平

参与式管理的核心理念是要充分发挥参与者的决策权与作用，发挥人的才华与潜力，满足人的自我实现的需求。为了使民族传统体育和高校体育更好地融和，并满足大学生多样化的健身需求，学校采用参与式体育管理方式是一个不错的选择。这种方式能够强化师生之间的体育互动，提升大学生的身体素质。

其一，应当大力深化大学生自选体育课程的学习机制，探索并强化民族传统体育项目与健康素养之间的联系，采用各种教学形式，激励大学生积极参与提升健康素养的活动。民族传统体育一直是我国教育的重点内容和有效手段之一，从其产生到传承发展的几千年来，与教育有着十分密切

的关联，不但在知识传播、强身健体、团队协作和文化交流等方面发挥着积极作用，而且具备十分重要的教育意义。此外，民族传统体育是一种体育运动形式，有着简单、灵活、娱乐健身等优点。这种体育运动能够满足不同体质的大学生的健身需求，也能够为大学生提供良好的人际交往的机会。高校体育在满足大学生的人际社交、爱与自尊和自我实现等心理需求方面发挥了关键作用。除了提升大学生的健康素养之外，民族传统体育还能够推进大学生身体素质和精神文化素质的全面发展。应以塑造健康素养为宗旨，培养学生终身参与体育活动的意识，使其养成高尚的体育修养和道德情操，强化健身观念和理念，掌握科学的健身方法，进而发展自身的体育个性，更好地将长远规划与近期成果有机结合在一起，使自身在生理、心理各方面得到全面发展。高校体育公共服务应从以运动技术为核心的体育管理理念转变为健康素养全面提升的人才培养理念，而且需要借助参与式管理来提升大学生健康素养的自我管理水平。将民族传统体育中的养生观念和内容纳入大学体育公共服务系统中，能够使大学生改变对自己身体的哲学观，确立"健康第一"的健康观，并在此基础上发展出一种新的、健康的、绿色的体育观念。

其二，必须构建学生和教师均能参与的民族传统体育项目机制。提升学生的身体素质，推进学生的全面发展，是高校体育教育的最终目的。在开展民族传统体育活动的进程中，师生应当采取文化参与、运动参与等多种方式参与其中。师生参与体育运动，能够使我国体育养生观、民族传统体育文化精神与"全民健身观""健康中国"等概念相结合，并能够提升民族传统体育的社会化程度；借助教师与学生的互动，能够让民族传统体育项目具备娱乐性、经济性和文化性的特征。为此，民族传统体育在我国高校公共体育的第一课堂和第二课堂得到了大量推广，对提升大学生的身体素质起到了积极作用。师生共同参与民族传统体育，能够有效地提升师生的体质，培养学生的创造力，是高校提升大学生体质的一种有效方式，也是师生间进行沟通与协作的一个关键性渠道。

第四章　文化视域下体育公共服务与民族传统体育互动发展的作用

第一节　文化视域下民族传统体育在体育公共文化服务中的地位和作用

伴随社会的不断进步，公共文化服务已经成为我国服务型政府建设不可缺少的一部分。其中，民族传统体育是公共文化服务的关键构成部分，发挥着不可替代的作用。公共文化服务体系面向全民，提供公益性文化服务，以发展公益性文化为目标，提升服务效能，并在构建和谐社会以及推进国际文化交流方面发挥着不可替代的作用。[①] 党的十八大提出，要完善公共文化服务体系，进一步推进文化事业的繁荣发展。伴随我国政府职能的转变以及构建公共服务型政府的新形势，将民族传统体育定位为公共文化服务体系中的重要构成部分，借助其丰富的资源优势，发挥其在构建公共文化服务体系中的作用，已成为未来发展的焦点。

① 毛少堂．公共文化服务概论[M]．北京:北京师范大学出版社,2014.

一、文化视域下民族传统体育在体育公共文化服务中的地位

（一）民族传统体育文化的发展定位

1. 民族传统体育文化的价值定位

（1）文化构筑：助力文化弘扬，促进民族团结。

由于我国综合国力急速增强，在经济、科技、军事等领域实现崛起，全体国民对民族文化自觉性的重视程度越发强烈。习近平总书记指出，当代中国人应该担负起新的文化使命。弘扬民族传统体育文化，有助于实现民族大团结和传承民族文化。就地域分布来说，我国北部草原地区宽广无垠，气候干燥，因此诞生了赛马、射箭、摔跤等激烈的体育项目；而我国南部地区气候温和宜人，因此诞生了赛龙舟、踩高跷、跳竹竿等优美的体育项目。总体而言，南北方的体育文化呈现出不同的地域特色，北方注重骑马技能，南方则侧重舟艇运动。从民族特色来看，草原游牧生活锻造了蒙古族的好客朴实和彪悍强健的性格，培育了摔跤、赛马、套马、打布鲁等传统体育运动；壮族民间传统体育运动包含抛绣球、打扁担、狮子上金山等，反映了他们温和友善、朴实无华、温敦宽厚的民族性格。

从上述地域分布特点可以发现，每个民族的传统体育不但反映了他们独特的思维方式、审美情趣和道德观念，而且承载了对祖先和土地的崇敬之情。中国文化提倡的是自然至上、生命可贵的人文思想，特别重视文化关怀和对生命的尊重。例如，中国武术强调“内外兼修、身心合一”的修炼方式，并按照季节和地理位置的变化，独创了子午拳。各个民族的祭祀和图腾崇拜等活动，证明了他们独特的民族性格和审美情趣。土家族的摆手舞，表达了对白虎图腾的崇拜；汉族端午节赛龙舟，传递了中国人祭神祈福的精神信仰，凸显了龙文化的影响；达瓦孜在展现维吾尔族的传统音乐、舞蹈、服饰文化的同时，彰显了古代“高空除魔”的精神和原始世界观。在当今时代，传承民族传统体育文化至关重要。尤其是举办民族体育文化盛会，如少数民族运动会等，有着十分重要的意义，可以提升民族文

化认同、促进民族团结、弘扬中华文化。这对于世界文化一体化格局的形成来说有着非凡的意义。

（2）健康促进：强健国民体魄，促进全民健康。

在全国卫生与健康大会上，习近平总书记强调了全面小康必须与全民健康同步实现。如今，人们日益增长的物质需求和精神需求同样重要。西方健身运动的目标是提升身体机能和健康水平，中国传统体育也蕴含文化、教育、养生、舞蹈以及娱乐等多重元素。这种体育受到中国思维的影响，有着十分浓郁的民族特色。民族传统体育不仅有益于身体健康，而且具有培养健康心态以及提升个人素养的作用。中国的武术不但包含蹿蹦跳跃、踢打摔拿等技术动作，还注重“冬练三九，夏练三伏”的习练理念，促使人们坚定地践行武术健身，养成健康的生活方式，最终产生良好的影响。舞龙是一项充满民族文化特色的体育运动，往往在重大节日、庆典活动中出现。它不但要求身体上下肢协调，更强调整个团队的协作默契。这项运动不但有助于提升身体机能，而且能培养团队合作意识，增强参与者心理素质和社交能力。对于那些生活在偏远地区、难以融入外部环境的少数民族来说，举办赛牦牛、赛马和大象拔河等活动，能够让他们在劳作之余得到身体的磨炼，以此来释放自己的情感和表达自己的感受。

医学研究表明，积极参与民族传统体育运动和文化活动，有助于血液循环、压力调节、病痛缓解、降低身体能量消耗等。最新研究指出，国际学者深入探讨了太极拳对身心健康的影响，将“松柔缓和”“内外合一”“刚柔相济”“阴阳结合”的文化理念融入太极拳的习练要领，使此项运动被美国《时代周刊》评选为“最完美的运动”，因而吸引了越来越多的爱好者。随着“健康中国”战略的持续推进，政府对民族传统体育的关注也在不断加强。2019 年，我国政府颁布了《关于促进中医药传承创新发展的意见》，强调要广泛传播中医健康养生理念，并推广太极拳、健身气功（如八段锦）等养生保健方法，倡导并宣传中医“治未病”理念下的健康生活方式。自新冠肺炎疫情暴发以来，传统的民族运动健身如太极拳、木兰拳等武术项目以及五禽戏、八段锦等健身气功，在提升国民健康、促进他们培养积极心态方面发挥着越来越重要的作用。这些运动项目运动强度适宜，群众基础广泛，场地要求较低，具备良好的健身与文化传承优势。

（3）铸魂育人：承载教育使命，提升国民素养。

2018 年，习近平总书记在全国教育大会上指出，应该培养具备德智体美劳全面发展能力的社会主义建设者和接班人。在新时代背景下，传承民族传统体育文化的教育任务显得更重要。民族传统体育文化扎根于浓郁的中华文化，贯彻该文化理念能够提升当代中小学生的道德修养水平，有利于实现立德树人、铸魂育人的教育新目标。就项目特点而言，站桩的“身心合一”和“外静内动”等要领，彰显了武术以心促身的教育思想；而毽球等集体项目在侗族、苗族、水族的流行，则突出了团结协作的思维意义。此外，在民族传统体育的规则制度方面，文化礼仪的重要性不可忽视。比如，在蒙古族摔跤竞技中，选手必须在敬礼和向观众致意后开场，这有助于培养参赛者的规矩观念和友好素养；而中国武术门派则通过制定门规戒律以规范门下弟子的道德行为。

在学校体育教育中，民族传统体育文化扮演着重要角色，也是思政课程的重要组成部分。武术作为其中的典型代表，借助武德教育培养学生虚心谦让、勤奋学习、尊师重道、热爱祖国的品质。为了继承民族传统体育文化，我们必须弘扬以爱国主义为核心的民族精神，即“国魂”，这是中华文化源远流长的核心力量。武术文化对当今时代的学生产生了深远影响，例如，史可法保卫扬州、岳飞精忠报国、戚继光保家卫国、谭嗣同坚持改革等。这些英雄的牺牲奉献精神、忠诚勇毅的爱国精神，激励着我们树立正确立场，竭尽所能，保家卫国。另外，中国文化十分注重礼节。全国教育各阶段均逐步引入传统射箭课程，其中包含吟诗、行礼、祭拜和握持弓箭等传统礼仪，有助于弘扬和传承中国传统礼仪文化。兰州市的射箭运动协会近年来不断举办各种传统射箭和射艺文化活动，为推广中国射箭文化做出了贡献。2021 年端午节期间，兰州宁兴小学举行了“仪礼 · 乡射礼”主题文化活动，展示华夏礼仪中的射礼和箭阵，旨在促进学生礼仪和道德素养的培养，同时增强学生的文化自觉和文化自信心。

（4）经济拉动：激活消费潜力，助推经济建设。

民族传统体育文化不仅集合了戏剧、音乐及舞蹈等元素，还具备浓厚的观赏性、参与性和经济价值。民族传统体育文化的三种经济价值体现如下。

第一，在民族传统体育器材、服装、有声书籍、影像制品以及纪念品的生产销售，以及技术动作的培训等方面，产生了显著的经济价值。以中国武术为例，它是最具代表性的传统民族体育项目之一。当前，在山东、河南、河北等地出现了多家规模庞大的私营武术学校，如山东的宋江武校、河南的塔沟武校以及河北的林冲武校等。这些学校的发展壮大，为武术产业及经济发展做出了重大贡献。

第二，传统少数民族体育项目对旅游产业链的带动效应十分显著。《新疆经济报》报道，“两博会”上展示的达瓦孜、马术、民族式摔跤、斗羊、斗鸡、押加、民族健身操等比赛项目，充满浓郁的少数民族特色，吸引了众多国内外游客，不断为当地旅游产业注入活力。2020 年，内蒙古兴安盟那达慕大会在科尔沁右翼前旗的乌兰毛都草原举行。开设的活动中有赛马、搏克、射箭等传统项目，还增设了乌兰毛都草原争霸赛等新项目。这次文化盛会将当地的文化特色与旅游优势结合，为体育文化产业及旅游业发展注入了新的活力。

第三，举办大型赛事促进了民众消费水平的提升。将比赛与传统节庆活动相结合，是吸引游客的有效方式。例如，2019 年，全国龙舟邀请赛暨北京市端午节龙舟大赛在北京顺义奥林匹克水上公园成功举办，这项盛大的活动不但给人们带来了欢乐，更推动了游客消费的增长。当然，还有一些商业赛事会全年举行，如“武林风”“昆仑决”“好汉山东”等武术比赛。这些赛事逐渐形成了一个商业赛事体系。尤其是 2016 年开赛的“散打天下”，举办方提供了 1000 万元的高额奖金，刷新了国内职业武术比赛的奖金记录。[①] 这些大型赛事吸引了无数的观众，助推了当地餐饮、娱乐、交通、住宿和旅游等领域消费市场的繁荣发展。

2. 民族传统体育文化的职能定位

（1）竞技文化：弘扬拼搏有为的民族精神。

文化是民族之根、人心之港，体育是文化不可或缺的支柱，是文化和民族精神的重要体现，也是中国走向“强国”之路不可忽视的文化责任。[②] 民族传统体育竞技文化是民族传统体育文化的关键构成部分，彰显了民族传统体育竞赛项目的文化形态，展示了中华优秀传统文化的品质，弘扬了民族自强不息、勇于拼搏、奋发图强的精神。这种拼搏精神将激励体育强国建设，助推中华民族伟大复兴的实现。我国各级民族体育运动会是民族传统体育竞技文化的主要体现。2019 年第十一届全国少数民族传统体育运动会设置了 17 个竞赛大项，其中，民族马术项目包含民族赛马、走马、跑马射箭、跑马拾哈达，而摔跤比赛则涵盖蒙古族、藏族、维吾尔族、回族、彝族、朝鲜族等多个民族的摔跤竞赛项目。激烈的赛事既彰显了民族传统体育竞技文化的多样性，也彰显了坚韧不拔的民族精神。“民族的就是世界的”，在“一带一路”文化先行建设思想的助力下，我国民族传统体育文化与域外文化能够更加频繁地进行交流和碰撞，将会进一步拓展民族认同传播范围，推进民族传统文化的传承与创新。正如鄂尔多斯国际那达慕大会的口号“绿色、多彩、吉祥”一样，来自世界五大洲的 44 个国家的选手齐聚此地，蒙古族传统的“好汉三技艺”——骑马、摔跤、射箭成为民族大会的亮点。此外，由“草原三项”——50 米射箭、1000 米速度赛马、800 米障碍赛马构成的民族传统体育比赛也深受观众喜爱。本次大会除了传统体育项目外，还增设了具有现代体育特色的户外越野挑战赛等创新项目，共计 14 个大项、79 个小项。参赛国家众多，推动了不同民

① 刘凤虎，杨斌胜，张辉．基于 SWOT－AHP 模型的民族传统体育文化产业发展战略研究[J]．北京体育大学学报，2016，39（8）：26－32.

② 肖荣华，袁峰．新时代迈向体育强国的征程：理解党的“十九大”报告精神意涵[J]．广州体育学院学报，2021，41（1）：13－17.

族和国家之间的文化交流。此次比赛传播了大量民族传统体育文化，彰显了传统体育文化的影响力和认同度。通过民族传统体育竞赛，展现了民族传统体育竞技文化，激发了拼搏有为的民族精神，加强了民族文化自信，传承并且弘扬了民族精神，推进了中华民族体育强国建设现代化的进程。

（2）大众文化：提升全民健身健康水平。

体育彰显了一个国家乃至其国民的身体素质与健康水平，体育强国则代表着该国家与地区，以及人民强大的体魄和精神力量。习近平总书记提出，所谓建设体育强国目标，就是要以“竞技体育”和“群众体育”为重要内容，旨在助推我国由体育大国向体育强国跨越。从群众体育现状来看，我们仍旧需要不断努力。目前，大学生身体素质亟待提升，全民体育水平也有待提升，更多信息也揭示了我国群众体育开展不够充分，人民群众身体健康水平普遍偏低、亚健康现象普遍存在的现状。① 早在 2009 年，国务院就发布了《关于进一步繁荣发展少数民族文化事业的若干意见》，其中提出要“积极开展少数民族群众性文化体育活动，继承和弘扬少数民族优秀传统体育文化”；2019 年发布的《体育强国建设纲要》中重申要“积极开展全民健身活动，扶持推广各类民族民间民俗传统运动项目”②；2021 年 7 月 18 日，国务院又印发了《全民健身计划（2021—2025 年）》，也重点提到要“加快体育强国建设，充分发挥全民健身在提升人民健康水平、展示国家文化软实力等方面的综合价值与多元功能”。从政策视角来看，人民群众的健康状况被视为衡量一个体育强国建设进展的关键性指标。与此同时，全民健身与民族传统体育文化也是打牢体育强国根基的、相互促进和相辅相成的重要因素。体育强国的发展有望助力全民健身事业，相应地，全民健身也会为体育强国建设提供必要的支持。此外，提升人民群众的身体健康水平同样是民族传统体育文化实现全民健身目标的手段，也是夯实体育强国根基的重要因素。我国许多地方的民族、民间、民

① 丁威，解安．习近平社会主义现代化强国目标体系研究［J］．学术界，2017(235)：178－190.

② 串凯，袁金宝．民族传统体育文化建设的理论自觉与实践路径［J］．西安体育学院学报，2021，38(6)：719－727.

俗体育深深根植于人民群众中，呈现的是具有民族特色的民族传统体育大众文化。我们需要深入贯彻国家政策，积极探索处理人民群众身体健康状况不佳的问题。为此，政府应当着力推广民族传统体育文化，以充分施展其对提升人民健康水平的重要功能。首先，各个地方的民族文化特色鲜明，有助于提升人们的身体素质。比如，东北游牧民族的马上角力、跑马射元宝等弓马文化，以及湘西少数民族的荡八人秋千、跳竹竿等民俗体育活动。其次，不同民族的特色文化备受大众喜爱。比如，壮族的抛绣球、狮子上金山，朝鲜族的跳板、秋千，苗族的鼓舞、舞狮等传统民族体育文化。最后，受众范围扩大，传播广泛。武术、太极拳、龙舟、围棋、健身气功等民族传统体育文化的普及有力地证明了这一点。以上充分表明，民族传统体育的普及具有在国民健康方面发挥引导作用的潜能，对其进行广泛的传承与大力推广，可有效地提升公众的健康水平，并加快建设体育强国的速度。

（3）校园文化：彰显铸魂育人教育使命。

国家体育总局、教育部于2020年9月21日联合发布了《关于深化体教融合促进青少年健康发展的意见》，其中清晰提到要探索并实施“一校一品”“一校多品”等学校体育模式，以加快传统体育特色学校的建设；2020年10月15日，中共中央办公厅、国务院办公厅印发的《关于全面加强和改进新时代学校体育工作的意见》，也重点强调要把中华民众传统体育项目如武术、摔跤、射艺、龙舟等融入学校体育教学、训练与竞赛机制。国家多项政策的颁布为民族传统体育文化融入学校体育教育教学提供了强有力的支持，凸显了其在校园文化塑造中的重要地位。同时，《全民健身计划（2021—2025年）》倡导“实施青少年体育活动促进计划，完善学校体育教学模式，保障学生每天校内、校外各1个小时体育活动时间”，重申了学校体育对青少年全民健身的重要性，确保学生每天在校内外均能够开展1个小时体育活动，有助于民族传统体育校园文化的普及。据《体育强国建设纲要》所述，要着力推进“重点人群体育活动开展，全面落实青少年体育活动促进计划”。由此可见，学校体育中的青少年群体是开展民众传统体育活动的重点，也彰显了青少年在助力体育强国建设过程中的关键地位。综上可知，青少年是我国未来的希望，是全民健身计划顺利施行的主力军，也是体育强国建设的关键构成要素。民族传统体育文化不但能够培养青少年学生的团队意识，而且有助于他们担负起学校体育锻炼与构建文化共同体的使命。首先，体育文化的传承是学校教书育人的重要任务。我国民族传统体育文化在校园文化教育中扮演着重要角色。学生传承的不仅是体育技能，更重要的是让学生学习中华民族的历史、优秀传统文化，甚至民族精神，进而达到潜移默化的文化育人功效。其次，突出了学校以德育人的重要性。民族传统体育文化凝聚了各个民族优良的行为准则与道德规范，体现了各族人民的正确价值观与精神追求。民众传统体育的文化内涵、精神建设是和社会主义核心价值观相一致的，在培育青少年学生方面具备影响人、感化人、激励人和发展人的育人作用。最后，学校能够展现民族传统体育文化品格，传承发展民族传统体育文化生命哲学、行为典范及思想品格，对学校体育教育影响巨大。其嬗变过程不但是对优秀传统文化内涵的深刻理解与感悟，而且是发扬民族传统体育文化优秀品格的经典实践。由此可见，民族传统体育能够加强民族传统体育文化的自信心，培养学生爱国主义、集体主义、社会主义精神，激励学生自我实现和奋发向上的斗志，并且有利于推进学生思想和行动的统一，让学生时刻充满活力、勇毅而不止步，进而铸就校园文化社群，并为构建体育强国提供坚实的精神支柱。

（4）产业文化：创造经济多元发展路径。

作为全球性朝阳产业，体育产业在全球经济发展中扮演着关键性角色，成为推进地区和全球性经济发展的强劲力量。国务院办公厅在 2016 年 10 月 28 日发布的《关于加快发展健身休闲产业的指导意见》以及在 2019 年 5 月 24 日发布的《关于加快发展体育产业促进体育消费的若干意见》两份以推进体育产业发展为主旨的文件，进一步助推了体育产业的加速发展。《体育强国建设纲要》还特别重申在加速体育产业发展的进程中，需要培育经济发展的新动能。民族传统体育文化产业是体育产业的关键构成部分，发展该产业能够促进经济的加速发展，为建设体育强国提供有力保障。所以，在推进体育强国的进程中，需要拓展多元化的发展路径，使民族传统体育文化产业发挥其最大的经济功能。首先，国家《"十四五"体育发展规划》强调要"打造现代体育产业体系"，其中就包含打造"体育+"工程及积极发展体育旅游等有关产业。基于这样的政策引导，我们应当着力打造民族传统体育文化旅游产业，助推其融合发展。由于少数民族居住环境与文化特性有所差异，进而形成了独具特色的民族传统体育文化，这些体育文化与自然生态环境能够和谐共存。这些特点均为体育与旅游业的融合开辟了创新路径。比如，发挥民族传统体育文化产业化优势的重要举措是将民族传统体育文化特色资源与民族特色体育小镇旅游融合起来，共同发展。其次，积极打造数字化的民族传统体育文化产业。通过发展智能体育文化传承平台，设立民族传统体育文化资料库，借助手机应用微信、QQ 等大众化渠道，以及独特的区块链、大数据、云平台等传播模式，大力传播并普及民族传统体育文化，为推动民族经济的发展贡献力量。例如，开办线上的民族传统体育文化健康课程或者线上的民族运动会展示等活动。最后，要打造民族传统体育文化品牌产业。借助对各个少数民族传统体育项目的有效挖掘、整理及归纳，挑选一些集观赏性、表演性、娱乐性和竞技性等于一体的民族传统体育文化品牌项目，充分发挥其在民族节日庆典、民俗祭祀及其他重要活动中的功能，使其成为吸引游客关注的亮点，进而推进当地经济发展，助力体育强国建设。

（二）民族传统体育在体育公共文化服务中的地位

1. 民族传统体育在公共文化服务中的不可或缺性

在文化全球化的浪潮中，发展民族传统体育既面临着许多机遇，又面临着一些挑战。为了实现革新和发展，应在积极适应全球化步伐的同时，在坚持传承和发扬民族传统体育文化的基础上，进行个性化、多元化、民族化和地域化的改革。只有这样，民族传统体育文化才能在以下两个方面成功地发展与革新：一是传统与现代的融合，二是民族特色与世界趋势的结合。体育公共服务是弘扬民族传统体育文化的重要纽带，应秉持“健康第一”的观念，全方位地促进民众的身心健康、社交能力提高，致力于提升健康水平。而民族传统体育内容丰富、易于掌握、运动量适中、涵盖面广，同时拥有多样的活动形式，成为群众不二的选择。同时，民族传统体育项目易于学习记忆，参与其中可获得成功喜悦，减少学习时间，增加实践锻炼机会，延长运动时间。此外，这些项目还能够培养人们团结协作、刻苦耐劳、敢于面对挑战的竞技精神。民族传统体育中有许多与养生有关的项目，可起到防病治病、保健康身、促进康复以及延年益寿等作用。这些项目容易上手，适应性广泛，受限于年龄、性别、体质、场地器材等方面的条件相对较少。因此，这些项目能够作为长期锻炼身体的方法，让大众掌握其技巧和要领，为民族传统体育注入新的生命力，应早日纳入公共体育服务系统。目前，我国各地已经广泛推广多种民族传统体育项目，如打陀螺、抢花炮、板鞋竞速、珍珠球等，效果显著。作为体育公共服务体系的关键构成部分，民族传统体育不但有助于促进大众健康，而且可以选择一项或者多项进行终身锻炼。此外，它还能够培养参与者的民族自豪感和爱国主义精神。

2. 民族传统体育在公共文化服务中的社会公共性

公共文化服务的核心是“公共”，公共性是其首要特征和根本要素。该服务是由政府资助，由文化机构提供，无须向居民收费即可享受的一种服务。① 例如，政府应当采取措施将某些民族传统体育活动纳入公共服务范畴，以使所有公民都能够享受其观赏的权利，进一步提升公民的体育参与度和对民族传统体育文化的认识，进而推进个人体质健康水平的提升。在当前体育公共文化服务活动中，民族传统体育表演成为人们热议的话题。武术、龙舟竞渡、风筝、秧歌、围棋、气功和太极拳等活动，因其能够激发人们对民族传统体育的兴趣而备受关注。

---

① 杨陶，陈丽霞．竞技体育在公共文化服务中的地位和作用[J]．辽宁体育科技，2014，36(6)：5 - 7.

3. 民族传统体育在公共文化服务中的传导引领性

民族传统体育是公共文化服务中必不可少的构成部分，也是建设社会主义和谐社会的关键内容。在公共文化服务的“共享”理念下，每个人都应当享有接触和使用民族传统体育信息的权利。作为公共文化服务的一部分，民族传统体育应当充分发挥其积极作用，展现其多样性和丰富性，以支持艺术欣赏和文化组织活动。目前，借助大众传媒、市场主体，以及体育主管机构和民族传统体育运动团队的紧密合作，一系列公共文化服务活动正在有序推广，其中包括基层运动队的成立、公益体育技能指导和知识分享等。随着我国民族传统体育服务事业的日趋壮大，这些公共文化服务将有力地推进其成熟和扩展，进而推进我国服务型政府的建设。

二、文化视域下民族传统体育在体育公共文化服务中的作用

（一）充实公共文化服务内容，提升政府服务质量

作为公共文化服务的关键构成部分，民族传统体育的价值日益凸显。伴随公共文化服务体系的完善和人们对文化服务需求日趋多样化，民族传统体育文化的内涵也越发丰富多彩，其呈现形式更是多种多样，为公共文化服务开拓了全新的可能性。在推进政府智能转型的过程中，我国注重建设以公共服务为导向的政府。如今已经借助在局部地区开展试点和一些特定项目的服务实践，取得了显著成就。此外，强调发掘民族传统体育的文化价值，是提升我国公共服务型政府建设和服务质量的关键性举措。

（二）完善民族传统体育项目赛事举办，为公共文化服务提供更多资源

随着我国民族传统体育项目的不断进步创新，丰富多彩的各类比赛如火如荼地进行。这些赛事不但助力着我国体育产业的发展，还推进了旅游、基础设施、服务等行业的发展，创造出可观的经济效益，提供了更多资源和财力支持，为社会公共文化服务做出了十分重要的贡献。最近，北京延庆成功举办了 2022 年“谁是球王”中国传统体育项目篮球邀请赛。

畅通的交通网络、现代化的场馆设施、先进的装备和悠久的文化底蕴，为民众提供了更便捷、更优质、更全面的公共文化服务。这些丰富的资源有序推进了中国体育事业的发展，促进了群众向健康生活方式转变。

（三）增加休闲娱乐方式，满足社会公众不同服务需求

随着人们空闲时间增多，对娱乐休闲的需求也越来越多样化。然而，由于个人兴趣爱好、生活方式和居住地的不同，我国政府提供的公共文化服务尚无法满足人们对多元化休闲娱乐的需求。近年来，由于民族传统运动项目的不断深耕，一些简易可行的运动方式迅速受到大众的欢迎，不但成为人们休闲娱乐的最爱，而且受到社会的广泛关注。民族传统运动项目涉及领域十分广泛，近年来新兴的项目也层出不穷，因此该领域公共文化服务的开发仍有巨大空间，以满足人们日益多元化的需求。

第二节　文化视域下民族传统体育的文化形态对体育公共服务的作用

一、文化视域下民族传统体育的文化形态

文化的性质和状态属于文化形态，而不同的状态和性质导致各种文化形态的差异。意识形态和非意识形态都属于文化形态，前者是在相应的经济基础上形成的，包括人类对自然和社会的观点，如哲学、政治、艺术、宗教、道德和法律等。总体来看，意识形态文化分为技艺、实践理性和纯粹理性三大类。在人类历史长河中，技艺一直是人们的智慧之一。最初，它以自然体育表现为形式，包括生产劳作、医疗保健、宗教仪式、原始教育、休闲娱乐和战争等，并深深融于早期人类文明活动。伴随社会的逐步变革，自然体育也慢慢演化成一种具有独立特性的传统体育文化形态。中国传统体育文化源自中华民族的独特文化基因，形成了多元化、多层次、多价值的文化形态。这些形态相互作用、相互影响，共同构建了一个独特

的“动态”文化有机体，包含原生文化形态、次生文化形态和变异文化形态。

（一）原生文化形态

原生文化形态是指古老文化原型随着时代慢慢进化、演变和变革衍生出的各异的文化形态，包含物质文化和非物质文化（如民族传统体育文化）。中华民族传统体育文化见证了社会变迁、民族融合和种群迁移等各种形态的变化，已经流传了数千年。在这个漫长的历史进程中，它并非单纯地固守传统，而是始终遵循一条文化传承的主线，不断融合新思想，既与时俱进、永葆生命力，又一直保持着独特的个性特征。据美国学者格雷本所述，“原真性”和“原始性”尽管相似，但并非完全相同。前者可随时创新与变化，而后者只能借助改变来更新文化的“原始性”特征，但不会影响其“原真性”特性。[①] 这一类似的情形不仅存在于中国，也存在于其他国家。例如，尽管奥林匹克文化一再变革，但仍旧保持其独特性和独有特色，这正是其真正的原真性所在。然而，可能没有人会想到奥林匹克文化的起源是古代的丧葬仪式。同样地，我国现代的端午节龙舟赛在许多地方被视为一项庆祝节日的活动，并且保存了许多传统习俗和礼仪文化，备受人民的喜爱。然而，这项庆典运动却源于先民为了驱邪消灾而开展的巫术活动。

中华民族传统体育文化是中华优秀传统文化的关键构成部分，它的形成和发展始终离不开中华民族特定的自然条件与社会历史条件。从发展过程角度分析，中华民族传统体育原有的文化形态渗透了自然环境的原貌和历史文化的原貌，同时保留了民族特色的重要元素，如民族观念、风俗习惯、礼节礼仪、艺术表现力等原真文化。为了满足社会进步和文化发展的需求，我们舍弃或者调整了一些与其相冲突的封建信仰和愚昧思想等原始形态的元素。这种有着原生文化形态的民族传统体育，通常出现在未受工业文明影响的欠发达地区，显示了其文化对自然环境的依赖，并秉承世代

① 熊关．原生态民族文化保护观质疑[J]．商业时代，2007(19)：97－99.

遗传的文化标记，将其传承和发扬光大，这种发展态势与原生文化的“非断非常”之本质是吻合的。中国的民族传统体育文化天生具备原生态的本土特色。中国拥有56个民族，共同创造了传统体育文化的辉煌。然而，伴随经济和文化交流的增多，许多传统体育文化受到了现代与外来文化的冲击，开始慢慢失去了其原真性。在一些较为偏远的少数民族聚居区，由于其经济和文化的发展相对滞后，很少受到外来文化的冲击与干扰，所以，这些地区保留了许多原生的体育项目和文化传统。以湘西山寨体育文化为例，这里的苗族、土家族、瑶族和侗族共有122项民族传统体育项目，其中有112项并不为其他民族所具有，有着鲜明的独有特征。这些传统项目经历了时间和历史的沉淀，保留了独特的原生文化形态。例如，“茅古斯”是土家族传承的狩猎和征战技艺；“跳鼓”“上刀梯”“脚踩”是苗族古老农耕和宗教的象征；“倒挂金钩”“抢贡鸡”“哆毽”“草球”“八人球”等，反映了民俗婚恋和风情习俗；除此之外，侗族地区的“舞春牛”也是独特的文化遗产，有着十分珍贵的文化价值。以云南地区为例，在《中华民族传统体育志》列出的676项少数民族传统体育项目中，仅在云南就有300多项，占比达40%。其中，除了一些大众化的体育项目如“秋千”“赛马”“射箭”“摔跤”之外，还存在许多开展范围较窄、接触人群有限、较不为人知的体育项目，甚至还有一些项目至今仍处于封闭和自发的原始状态。

我国民族传统体育文化，不论在传承方式还是表现形式上都呈现出极其原生态的特点。其中有的文化项目完全保留着原生形态，未受外族文化和其他因素的冲击。而有的文化项目则在经历了文化相互融合和人为改造后，仍然保留着原生文化符号的烙印。例如，藏族、彝族传统体育项目中的射箭、角力、赛马，土家族和回族的传统摔跤，壮族的传统武术“壮拳”，以及瑶族和苗族的传统射弩等。一些项目尽管名称和现代竞技项目相似，但运动形式和表现方式与之完全不同，依旧保留着浓烈的原始军事体育的气息。目前，我国大多数民族中都有歌舞之才，他们的众多舞蹈形式均源自原生劳动实践。例如，苗族的“鼓舞”，以传统的犁田、插秧、割谷、挑担等为主题，突出了原生文化形态内核。其他少数民族文化在表现形式上彰显了先辈对自然、祖先、图腾等客体的记忆膜拜，如土家族的“摆手舞”，苗族的“划龙舟”等。

我国民族传统体育文化在境界和礼仪方面一直保持着原生的文化形态。以汉族的太极、气功和藏族的“道果”“三士道修”“大圆满”“大手印”“雪山瑜伽”“乐空双云”为例，这些传统的养生体育项目具有柔顺、静谧、圆滑、舒缓、中和、稳定且典雅的特征，并且以追求“永葆青春，万古长青”的天人境界作为其理想目标，以深化文化及礼仪内涵为其不懈追求。尽管当前中国武术在技击和实战方面的实力已经减弱，但是它依旧保持着原生文化形态和礼仪特征，如“崇尚礼让”“和谐与中庸”“崇德尚武”等武术文化理念，反映了原生人文思维和礼仪特点。

中国民族传统体育文化历经无数次变化与融合，但在时间上始终保持了“变与不变”的统一，而空间上则在发展与变化中形成了“原生和发展”的高度统一。

（二）次生文化形态

在多元框架下，边缘民族文化积极自我调整、自发向中心文化靠拢，慢慢适应并导致部分民族文化的变异，即文化次生现象。次生过程中产生的文化形态被称作次生文化形态。我国传统体育文化在适应中心文化的过程中也得以调整和发展出其次生形态。这一独特的文化形态源于传统的民族体育文化，同时融合了现代文明的元素，是一种既传承传统，又具新生气息的体育文化。

由于古代人对自然现象缺乏正确的认知，他们将希望寄托于迷信和崇拜的神明力量上，祈求消除困难，带走厄运。因此，许多传统民族体育运动项目都深受神秘力量的影响，如彝族的摔跤、秋千、射箭和歌舞等民族传统体育项目，其原生表现形态都是以原始的祭祀和崇神信仰为特色。然而，伴随现代文明的进步与发展，这些传统的民族体育运动开始慢慢从宗教的功利中解放出来，不再局限于娱神祭祖的范畴，而是逐步展现出现代体育具备的竞技性、健身性和娱乐性。以武术运动为例，原本是以生产劳动和战争为基础，以宗教祭祀以及强身健体为目的的文化形态，但伴随现代体育文化和竞赛理念的影响，中国传统武术承受了强大挑战。为了保持其原生社会功能，传统武术融合了现代思想、价值观和审美情趣等元素。许多传统武术为了增强动作的流畅性和艺术表现力，以实现最佳的演练和观赏效果，开始摒弃传统，改变传统的形式，以满足竞技需要。在现代武术表演中，我们能够看到传统技术动作的数量在慢慢减少，取而代之的是更多复杂的、难度高的华而不实的动作。尽管现代武术增加了更多观赏性的动作和技巧，但失去了一些传统特色。更有甚者，除了起势和收势外，中间部分基本上成了竞技武术的长拳类动作。传统武术剑术动作中不含食指扣握剑盘，但为了应对复杂套路和提升动作难度，现今武术剑术表演和比赛中均采取了其他握剑方法。在当代文化的影响下，不但传统武术发生了改变，就连梅山武功，这一湖南珍贵的武术遗产和拳种也不例外。为顺应现代体育意识的审美取向，它不再注重原本的桩功和仅适合于山区实战需求的特性，而是融入了现代竞技武术的动作元素。尽管这种吸收和创新有助于现代竞技武术的发展，但可能削弱了传统武术的实用性和独特的表现风格。

我国一些少数民族地区和民间村落，是保存民族传统体育原生文化的主要场所。然而，伴随经济的快速发展和交通通信的进步，这些地方与外界的文化交流日趋活跃，体育原生文化面临着严峻的挑战和冲击，其生态环境也在逐步变化。传统竞技体育在保护生态文化、促进生态发展方面做出了重要贡献，如饱含民族特色的高原赛马、马术和射箭，具备山地特色的爬竿、斗牛和射弩，水域传统项目泅水和龙舟等。这些传统体育项目在原生态文化中扮演着十分重要的角色，并为原生态文化市场发展做出了积极贡献。这些民族传统体育运动项目，最初是在一个封闭的独特环境中演化而来的原生态文化，如今随着“原生态”旅游的兴起以及各地政府实行的引资政策，包括“文化搭台、经济唱戏”政策以及对外开放，这些项目已经发生了变化。在一些历史悠久的地区，民族传统体育运动已成为重要的文化资产。例如，丽江的民族音乐舞蹈、河南的少林拳术、山东的潍坊风筝，以及石林地区的传统民族运动。即使是在高原地区的藏族，他们的传统项目也得到了扩展和开发，包括“神山插剑祭”“斗牦牛”“果孜”“古朵”等。但伴随现代文明的涌入和旅游经济的发展，“表演”成为这些传统运动的一个重要元素。

中华民族传统体育原生文化凭借其鲜明的民间性、地域性和表现性等特点而备受赞誉，然而，其生命力的源泉在于广泛参与，而民众则是其文化活动的主要参与者。可是，伴随民族传统体育原生文化的次生演变，参与者逐步从民众变成了少数精英，对这种变化需要加以深入探讨。过去，“那达慕”“火把节”“赛马会”等节日曾是蒙古族、彝族、藏族等民众广泛参与的盛会，如今这些节日肩负着将民族文化推广至中心社会、提升边缘地区知名度以及推进民族文化和经济发展的重要任务，为提升演出活动的专业性和艺术表现力，需要选拔、培养专业人才，进而增强演出活动的影响力。遗憾的是，这种操作极易导致公众参与度降低，文化行为主体也会发生巨大变化。

（三）变异文化形态

所有富有活力和生命力的民族文化均具有开放性，与其他文化不断交融，并从中创造出新的品质，这是文化变异的体现。文化在外来文化的影响或冲击下呈现出变异的形式，是增强文化生命力和活力的必然选择，同时也是助推文化的不可或缺的重要动力。自中华民族传统体育形成以来，民族传统体育文化一直在不断变化和创新中发展。这种文化不但保留了传统元素，而且呈现出不断变异的特点，是一种具有活力的文化形态。和其他民族文化形态一样，中华民族传统体育文化的演化和发展受到多种因素的影响，包括自然、经济、政治和文化等方面因素，同时也随着民族文化的进化和需求而不断改变。

中华民族传统体育文化被认为是社会意识的文化表现形态，具有适应性和融合性。伴随社会的向前发展，民族传统体育文化也在逐步发展和变化，而这种变化又符合其“动态规律”。这种动态规律就是民族传统体育文化随着时间的推移、人类社会的进步而逐步演变。新旧文明相互影响、相互作用，生存与复兴、退化与新生并存，充分展示了该文化发展的全过程。倘若从我国民族传统体育文化的原生文化作为主体出发，中华民族传统体育原生文化和次生文化均以此为基础。但是中华民族传统体育的变异形态已经发生翻天覆地的变化，其内部特征和外观特征均无法凸显出中国传统体育文化的原生形态。举例来说，体操中的“旋子转体 360 度”及“旋子转体 360 度接劈叉”等体操动作，均改编自中国传统武术动作；新编制的长拳竞技套路动作，尽管大部分是在传统武术的基础上创作的，但是已经完全摒弃了武术技击元素和内涵文化特征，只注重套路规则的体现。这种文化变异，不论是在时间上还是空间上，不论是在表现形式上还是文化形态上，都是不同的。有的文化变异始于涉及的领域，有的在文化基本功能上出现变异，有的则表现为形式上的变异，还有的文化变异与主体彰显的文化属性不符等。

中华民族传统的体育文化已经发生了变异，这种变异给中国社会和民族文化带来了丰富多彩的景象及开放的活力，同时也影响了国人的民族文化心理、民族精神和价值观念，直接影响了国民意识形态的认同感。然而，我国民族传统文化的传承和变异是合理趋势，历史始终在旧与新之间逐步演化，不断地保留和创新。我们应当始终坚信，我国民族传统体育文化具有持久的生命力，其心理定式与文化意识受“超稳因素”支配，并深深植根于中华民族传统文化的核心，一直保存着民族文化的精华部分。

二、民族传统体育文化形态对体育公共服务的作用

（一）民族传统体育竞赛丰富了体育公共服务产品资源供给

民族传统体育竞赛文化的载体是竞赛，竞赛是其主要表现形式。民族传统体育竞赛文化除了竞赛之外，还涵盖相关的建筑、规则、情感等诸多文化复合内容，旨在实现体育竞赛与文化的有机融合。民族传统体育竞赛既能满足人们对体育运动的追求，又能激发人们对体育运动的兴趣。伴随时间的推移，人们对体育运动的需求日趋提升，民族传统体育项目的竞赛也逐步增多。同时，这种需求的增加也迫使运动员更加重视训练，以进一

步提升成绩，在公共场合举止更得体，赛事组织管理水平更高。民族传统体育活动和竞赛呈现出多种形式，推进了全民健身计划的执行，在原有基础上进一步提升了人民群众对体育场馆、体育器材、体育指导、赛事信息等服务的需求。此外，竞赛规则和竞赛制度是民族传统竞赛文化的关键构成部分，是传统体育竞赛取得成功的基础和保障，是运动员技能和策略正常或超常发挥的前提，为进一步提升民族传统体育项目质量奠定了基础。重要的是，民族传统体育赛事只有严格遵守国家传统竞赛规则和竞赛制度，才能够满足人民群众对体育的需求，不断丰富体育公共服务产品的资源供给。

（二）民族传统体育表演满足了社会公众多样性需求

随着人们物质生活水平的提升和对精神层面需求的增加，民族传统体育表演经过改良，成功地实现了竞技美和艺术美的完美融合，并呈现出了“动态而流畅”的审美效果，满足了公众多样的审美和精神需求。运动员在表演武术拳脚时，精准地运用双拳双脚，将打击目标的动作做得刚劲有力，宛如用斧头猛击物体，让人惊叹不已。此外，武术表演还包含多种耍枪和耍刀技巧，能够最大化地展现身体与武器之间的紧密联系。耍刀时，一刀猛挥，犹如滔滔江水急速奔流；耍枪时，枪影流光，恰似星河在宇宙中迅捷穿梭，令人目不暇接。这些刚柔相济、富有诗意和激情奋进的场面，令人身临其境感受传统体育运动之美，引领人们继续更加深入、广阔地追求体育之道。民族传统体育竞赛表演展现的技术、战术和人体能力等外在形式，固然能够给观众带来视觉上的美感，然而其真正珍贵之处在于内在的因素，包括对运动能力和竞技意识的提升，以及对审美品位的熏陶，使人们获得更高层次的精神体验。

（三）民族传统体育文化提升了体育公共服务产品价值

随着全球大一体化和民族传统体育的逐步发展，其文化已经深入世界各地。除了展现国家和地区的体育实力之外，民族传统体育也因大型国际比赛而赢得了广泛关注，展现了文化的精髓。中华民族传统体育文化的核心精神，已经成为世界各国民众追求的体育价值和理念。尽管民族传统体育运动发展中存在不和谐现象，但其文化已传承几千年，宗旨和格言不断传承，形式和内容不断更新，成为当代体育领域提供高附加值的体育服务产品。

第三节　文化视域下民族传统体育的社会意义对体育公共服务的作用

伴随时代的进步与社会的发展，公共服务话题已成为热门话题。然而，由于经济、地区和城乡发展不均等因素的影响，公共服务的数量和质量存在不平衡现象。民族传统体育是公共服务的关键构成部分，可提供给所有人，包括男女老少、各民族、各地区和职业人群，因而该服务的公共属性不可忽视。民族传统体育以肢体语言为主要表达方式，已在各社会层面广泛传播并受到欢迎。它承载着服务社会、服务民众的责任，并积极推动公共服务的发展。

一、文化视域下民族传统体育社会意义的流变及现代价值体现

（一）民族传统体育社会意义的流变

1. 民族传统体育文化源自社会文化

每个民族的传统体育项目都不是孤立存在的，它们都是在特定社会文化背景下产生的。这一文化根性是民族传统体育文化最基本的特征，也是其文化价值存在的前提。具体而言，原始的、偶然的体育元素并不能够单独决定民族传统体育文化的形成。实际上，民族传统体育文化不是单一体育元素的简单堆砌，而是具备鲜明的社会属性，同时，其起源与发展不是单纯的自然演变。凯洛易斯表示，规则化的游戏伴随着社会结构从松散的原始状态走向高度组织化的现代体育状态，民族传统体育也是如此。随着社会形态的发展，民族传统体育变得更加复杂，活动范围扩大，文化内涵

也变得更加丰富，其产生的文化影响也更加深远。中国传统文化精心将体育因素加以融合，将零散的拼图碎片拼缀成一个有序的身体文明体系。若将发展放入中华文明历史背景中，则其变革及转向与社会文化和东方文明的发展息息相关。举例来说，中华文明的巅峰——汉唐两朝，见证了民族传统体育文化的蓬勃发展，在种类、数量、规模、开展层次与频度上都远超其他历史时期。此外，民族传统体育文化的发展有着至关重要的意义，因为文化变迁对其产生了深远的影响。以明朝为例，朝廷大量向四川、苏北、湖广、山东等地区迁徙人口，使不同地域的文化相互渗透，产生了文化的融合和碰撞。异域民俗和文化元素也因此融入更广阔的地理疆域，加速了中国各地民族体育文化的交流和传承。

2. 民族传统体育文化是对社会文化的超越

从社会文化形态学的角度来看，民族传统体育活动并非仅对社会历史或者文化传统的简单模仿，更不是对民间风俗文化的歪曲和虚构。从文化人类学角度来看，民族传统体育在本质上是人类社会生活方式的一个组成部分。相较于其他文化形态，民族传统的体育和艺术创作呈现出相似的特征。因此，从艺术人类学角度来探讨民族传统体育文化的起源问题，不但可以为研究民族传统体育文化提供一个新的视角，而且能够更好地为构建和谐社会服务。民族传统体育文化作为一种独特的身体文化现象，源自社会成员的共同生活圈，同时也是宗法制度和精神内涵在某一具体体育活动中被广泛认可的产物。所以，从一定程度上说，民族传统体育是社会历史发展到一定阶段后的产物。这一表达方式呈现了一种抽象的文化形式，反映了人们在某一特定历史时期的生活状态。同时，它又以其特有的方式影响着整个社会，渗透于人们的日常生活中，成为一种大众普遍接受的艺术表现形式。龙舟竞渡，作为荆楚文化母体孕育的一项独特活动，以其深厚的文化渗透力和端午节特色文化项目的地位而广受赞誉。因此，对于我国南方地区而言，龙舟竞赛有着十分特殊的历史地位与深远的影响。然而，在我国华北地区、东北地区以及远离两河流域的内陆地区，龙舟竞渡并未像其他地方那样被广泛地作为民间体育活动。即便有部分地区开展过，也都因缺少足够的资金而未能取得较大的发展。在内陆地区，水资源匮乏和分布的不平衡导致这项体育活动缺乏自然环境的支持，难以普及全民。这其中固然有经济发展水平不高、社会环境不完善等客观因素的影响，但更多的还是由传统农耕文明与现代文明之间的矛盾冲突引起的。尽管赛龙舟蕴含的文化内涵得到了广泛认可和接受，但在这些地区推广这项运动面临着极大的困难；另外，在这些区域内没有形成具有代表性的民族传统体育项目，人们对该地域的龙舟竞渡文化知之甚少，从而使其传承受到阻碍。而龙舟竞渡作为荆楚体育文化乃至全国文化的一个独特板块，在文化演进的历程中扮演着重要角色。

3. 民族传统体育文化是一种动态存在

民族传统体育活动展示了一种动态的文化吸引力，这一吸引力使该文化得以持续发展和演变。作为一种民间文化形式，民族传统体育一直跟随文化的变迁和发展步伐，对人类社会的发展有着极其深远的意义。因此，更适合用价值观来看待，而不能简单地将其视为不变的静态因素。若以超越主观意识的文化角度来审视中国传统文化，忽视文化品位的高低，就会发现缺乏内涵的民俗传统难以流传长久，而那些含蓄而富有内涵的地方风俗却多有存延。中国古代文化重视“天人合一”的宇宙观，导致辩证思想普及于各个领域的文化活动中。因此，传统文化和体育活动不约而同地联系在一起，多元文化元素也在民族传统运动中得到了融合。上述表现反映的是中华文明体系具备的独特融合力量。只要传统文化中的历法、节日、民间传说和历史故事等文化要素与民族活动相融合，就会对整个华夏地区的文明进步产生微妙而重要的影响。从辩证唯物主义和历史唯物主义的角度来看，民族运动在中华文明的发展中起到辅助性、从属性和非强制性的作用。仅就其形式和作用而言，民族活动的单独推动并不能全面促进中华文明的进步与发展，必须在经济、政治等多重因素的相互作用下，才能实现全面推进。从历史唯物主义的视角来看，人民群众是历史的主体和创造者，他们通过社会实践、改革开放，坚持和推进历史进程。社会实践是表达人类社会集体思维的总称，反映了人类社会的集合意义。民族活动是人民群众社会实践的关键构成部分，差不多所有人类文明都深受实践的熏陶，而民族风俗更是离不开实践活动。风俗不单是民族文化思想的体现，也是行为实践的重要方面。此外，民族传统体育一经形成，就具有稳定和延续的特点，尽管在传承和演绎过程中会发生变异，但它的核心和主旨总是承载着传统内涵与固定的意识。民族传统体育有着极为强大的生命力，能够维护民族团结和实现民族认同。因此，在保持趋同意识和加强群体凝聚力方面，它具有独特的作用和意义，这也是其文化魅力所在。这种社会实践和文化活动的实际情况已经得到充分证明。作为人民群众创造出的自然组成部分，民族传统体育文化总是与其内在的文化本质紧密相连，各种运动形式在民族传统体育文化层面上总是与特有的文化力量紧密相连。

4. 民族传统体育文化体现了身体文明价值

不同民族的传统体育活动看似杂乱无章，实则彰显了身体文明的多样性，它们之间有着最常见的文化联系。在这种文化纽带的引领下，各个民族之间相互传承、相互交流，丰富了各自的文化内涵。在历史演进过程中，各种具体的体育项目既是文化形式，又是文化传承的方式。它们不同于那些具有考古意义的历史文化。例如，文字既不是古典诗歌的符号，也不等同于七言绝句或者文学作品的代表。因此，文字并不能完全代表古代文学艺术。从结构上看，古典文化与其他文化形式一般情况下是由不同的载体、要素、形式和目的构成的，但是，民族传统体育除外。民族传统体育是借助形体技能的运动，以文化元素内化的方式表达文化的内在张力和信仰，进而做到形体文明在目的、内容和形式上的高度融合。所以，与其他传统文化形式相比，民族传统体育文化因其独特的结构而有所不同。

（二）民族传统体育社会意义的现代价值体现

民族传统体育在现代社会中的文化价值是多方面的。首先，它是传承和发展民族文化的一种方式，能够帮助人们更深入地了解和传承自己的文化传统。其次，它能够促进社会团结和身心健康，提升社会公众的整体素质和幸福感。此外，民族传统体育也有利于保护和弘扬民族文化，增强民族自豪感和归属感。在马克思主义的价值观下，我们还可以看到民族传统体育是人民群众的文化需求和精神追求的体现，理应大力支持和发展。对于国家来说，发展民族传统体育能够提升国家形象和文化软实力，增强国民凝聚力和国家认同感。总之，民族传统体育是一个充满活力和潜力的文化领域，应该加强研究和推广，让更多的人认识到它的重要性和价值。

1. 民族传统体育在现代社会中的精神信仰价值

从宏观的视角分析，民族传统体育具有深厚的文化内涵，能够传承中华民族历史上虔诚的信仰和精神，推动中华民族历史文化艺术交流，提升民族精神境界，助推社会发展进步。中华民族有着5000多年的悠久文化历史，其传统体育也历史悠久。在漫长的历史演进过程中，这些民族传统体育活动嵌入了独特的文化内涵，并以其特有的方式呈现给大众。如今，这些民族传统体育活动在现代社会价值观的正确指引下，能够帮助社会各界明确精神方向，推动中华民族文化的长足进步。以自古传承下来的民族传统体育作为探讨对象，借助对其的深入剖析和探索，揭示其源远流长的历史内涵。它或来自我国历史上的古老传说，或出于对某种信仰的尊重，或为了怀念某位名人，这些传统体育经历了历史的洗礼和时代的变迁，升华为具有独特韵味的珍贵文化。

在现代社会的发展中，民族传统体育项目极具代表性。我们可以看到，体育赛事的参与者往往以团队形式参加比赛，是他们的地区或者民族的代表。特别是在重大国际赛事中，民族传统体育无疑在展示民族体育实力的同时，彰显了民族精神。民族传统体育在现代社会的发展，体现了民族文化的自信心和自豪感，有助于彰显民族精神，增强爱国者的使命感和责任感，激励运动员在体育赛场上顽强拼搏，为祖国和民族的大业积极奋斗。

2. 民族传统体育在现代社会中的伦理道德教育价值

从现代社会伦理道德的角度来阐释，民族传统体育有着极其重要的文化价值，其源远流长的文化底蕴在社会现代化进程中发挥着无可比拟的引领作用。民族传统体育的社会价值在伦理道德方面十分重要。在人们的日常生活和学习中，它能够展现民族传统体育文化的价值观，并为社会树立道德规范和行为准则，进而推动社会向规范化的方向发展。时至今日，我国民族传统体育凭借自身深厚的文化内涵，在许多情况下能够对现代社会产生一定的教化作用，影响和引导着人们的行为方式，满足现代社会的发展需求，进而加强社会群体的自律与自我指导的能力，对社会的良性发展起到积极的作用。换句话说，我国民族传统体育具有优秀的伦理道德教育价值，有利于现代社会人文环境和道德规范的建立，从而从根本上有助于民族传统体育更加契合现代社会的文化价值内涵，使民族传统体育文化日臻完善。

3. 民族传统体育在现代社会中的经济价值

从宏观上看，民族传统体育肩负着丰厚中华民族文化底蕴和培养民众道德观念的重任，有着悠久的历史使命。同时，在当代社会，民族传统体育为体育文化的信息化提供了广阔空间，推进了当代社会体育文化的进步。随着时间的推移，我国现代化经济建设逐步加速，社会经济体制和消费方式逐步转变，休闲经济、健身娱乐等多种多样的经济模式兴起，这一切为民族传统体育文化和经济价值的发挥提供了有利条件。民族传统体育被认为是中华文明的瑰宝，承载着历史的记忆和人们的期盼。它不但是民族凝聚力和身心健康的重要保障，也是激发爱国情怀、传承民族精神的重要途径。因此，我们要高度重视和传承民族传统体育，在传统与现代的交融中促进其发展和创新，使其在当代社会充满活力，为实现中华民族伟大复兴贡献力量。

我国民族传统体育的特色能够为本地区的经济发展注入鲜活的元气。同时，这些独特的民族传统体育形式也能够丰富我国体育产业的内涵。随着市场经济体制的逐步建立，其对整个社会的影响也将是全面而深远的。整个社会资源将以市场为主要手段，进行基础性的优化配置。而少数民族丰富的体育文化，积淀了千百年的历史文化。其中，体育项目和节庆繁多，民族传统体育与旅游、休闲、健身等产业的结合获得了明显优势。

“中国民间艺术游”是国家旅游局主推项目之一，涵盖100多个大型民间艺术节日，其中20余个节庆日属于少数民族节庆日。其中，新疆赛里木湖那达慕大会是以蒙古族传统那达慕大会为主线，同时还有赛马、手工艺品交易、蒙古族特色美食品尝、蒙古族歌舞表演等活动。特别是近年来以体育命名的旅游节成为热门，进一步推动了当地经济发展，带动了器材设备、服装和文化产品等市场的活动，促进了民族传统体育产业化发展。

4. 民族传统体育在现代社会中引领着民族文化品格的价值取向

中华民族的传统体育是从母体文化中延续发展而来的，经过不断的研究和完善，成为具有强烈共性和历史传承性的体育活动。这些活动在现代社会中展现了本民族独特的文化特色，以弘扬本族文化为出发点，持续不断地加以丰富和创新，推动了中华民族主题文化的积极进步。同时，我们也要注重民族传统体育在现代社会文化领域的价值，促进其演化和创新，以促进拥有民族特色、符合时代特征的民族传统体育文化的发展和形成。近年来，随着我国经济不断发展，民族传统体育融合了多元文化，在保留本民族特色的同时吸收了外来精华，使传统体育在现代社会中的文化价值得以更好地体现。

二、文化视域下民族传统体育社会意义推动体育公共服务的作用

（一）民族传统体育思想为体育公共服务均等化提供战略支持

公民均等获得公共服务被视作天经地义的、与生俱来的权利，公共服务的均等化一直是发达的市场经济国家政府的核心治理原则。我国民族传统体育领域的公共服务均等化是公共服务均等化的重点内容，也是政府公共服务供给的关键构成部分。同时，推行体育公共服务均等化是我国社会和谐发展的关键手段之一，尤其是在当前我国社会大发展的时期。

首先，有益于公民社会的建立。

实现体育公共服务均等化是公民社会的一大目标。公民社会建立在市

场经济基础之上，强调“公民”作为社会的核心，注重民主法制、平等和反对专制、排斥特权。在公民社会中，社会组织是承载这些价值观的基础，每个公民均能够平等享受政府利用公共资源提供的各项公共服务，这也在公民的基本权利范围之内，并受到法律的保护。尽管现在已经是中华人民共和国成立的第73个年头，但是在过去5000多年的时间里，我国一直深受封建传统思想的影响，官本位思想根深蒂固，一切事物都以资历高低和身份地位作为考量标准。伴随改革开放政策的实行，社会各阶层的差距日益扩大，导致传统封建社会重视的身份和地位并没有随着改革的推进而慢慢消失，反而在一定程度上得到了加强。由于“身份传统”根深蒂固的影响，我国底层弱势群体的公民意识、权利争取意识和社会参与意识普遍欠缺。这种状态不符合和谐、有生命力的社会标准。所以，确保民族传统体育的公共服务均等化，是建立平等、民主的公民社会的必要条件。

其次，对市场经济体制改革有积极影响。

实现体育公共服务的均等化，必须依赖国家经济发展水平的提升。公共服务的主体是各级政府，尤其是基层政府，而其财力直接关系到体育公共服务的范围和水平。为此，中央政府应给予地方政府更多的财权。正是在财政分权的过程中，西方国家才开始推进公共服务的均等化。财政分权分为政府内部的横向和纵向分权，以及政府向市场的分权。理论上，政府内部分权必须以政府向市场分权为前提。然而，我国正在从计划经济向市场经济转型，政府内部的分权问题尚未完全解决，政府部门的财政职能交叉，导致改革成本增加，致使我国地方政府的财政能力较弱，无力为社会提供足够的体育公共服务。政府和市场的职能范围仍需要进一步明确。许多政府职能未体现在提供公共服务上，存在大量“越位”“缺位”现象。所以，只有积极推行市场经济改革，实现政府和市场合理分权，才能从根本上解决体育公共服务均等化问题。

再次，有助于建设服务型政府。

实现体育公共服务均等化的实质，是为了追求社会公平正义，符合现今社会追求自由和平等的价值观。为此，需要遵循一定的政治程序，构建相对完善的利益表达机制和途径，有效缓解社会矛盾。作为纳税人，公平地享受公共服务是理所当然的，这一权利任何人或者组织部门都不能剥夺。政府作为国家的管理者，应当尊重公民的基本权利，公正平等地对待每个公民，这是政府的责任和义务。在市场经济体制下追求价值平等，影响人们的思维、生活方式，乃至国家行政方式。政府以提供公共服务为自己存在的理由，并以提供优质高效的公共服务来赢得公民的信任。我国政府当下提出建设服务型政府的思想也与公共服务均等化的目标相契合。然而，我国传统的思维和行为方式，使民主政治建设面临困难，上级管理者缺乏向下的管理方式，同时，公共博弈机制尚不完善。因此，我们需要以推进体育公共服务均等化为契机，促进我国服务型政府的建设。

最后，有利于大众体育文化的积淀。

一个国家或民族的进步，必须有深厚的文化基础。从个体到群体再到整个社会，文化的积淀至关重要。个体的文化积淀能够转化为个人素质和素养，而整个社会大众素质和素养的提升则是建设一个和谐有序社会的基础。只有社会和谐有序，国家才能持续繁荣发展。当前，我国民众对民族传统体育活动的参与热情不够高，主要是由于公民体育文化素养水平低下，很多公民对体育的认识仅停留于基本的身体运动层次，对其缺乏深入了解和体验。尽管民众对体育在个人、社会、国家发展中的作用及意义知晓甚少，但是全球范围内，“体育”已经深入社会的各个角落，并与大多数学科相互渗透。“体育”已经在各国经济、政治和文化方面扮演了十分重要的角色，逐步演变为指引人们积极向上、培养健康阳光生活方式的重要文化和教育学科。

我国正在实施的“全民健身计划”和体育公共服务均等化并行不悖，它们共同促进公民体育思想和意识的提升。“全民健身计划”为体育公共服务均等化提供了思想支持，而体育公共服务均等化则为“全民健身计划”提供了具体实践方向和操作理念。

强调体育公共服务均等化的发展重申了提升公民体育文化水平和增强公民体育意识的重要性，因为这是维护个人最基本的生存权和发展权的必要条件，也是实现人的全面发展的关键，此外，也是公民维护自身利益的具体体现。

（二）民族传统体育文化为体育公共服务提供精神基础

中国是一个有着悠久传统文化的文明国家，文化积淀深厚，历经现代化的冲击也无法掩盖其深入人心的文化内涵。尤其是中国古代的各项体育活动，不论在活动形式上，还是在技术方法上，都能够彰显出鲜明的东方文化特色。这些传统思想在中国社会中扮演了重要角色，包括伦理观和人生态度，弥补了西方传统文化的不足。此外，中国传统体育思想的发展历程也是值得关注的，它带领人们去探寻一种高远的境界，实现了精神上的享受。天人合一、万物一体的理念至今仍具有强大的吸引力。这些传统体育思想对体育公共服务的发展起着积极的助推作用，成为构建体育公共服务体系的重要精神财富。在当今社会中，传承和弘扬传统体育思想有助于人们更好地理解与发展中国的体育文化，能够推动中国体育事业的长足发展。

（三）丰富多彩的民族传统体育项目为体育公共服务提供精神内容

构建体育公共服务体系是一项十分复杂且艰巨的工程。为达成体育公共服务体系的整体目标，需要创造出多种必要条件。体育文化是人类创造出来的，因此也受人的属性制约。体育文化与其他各种具体的文化相互交织，共同构成人类生活的文化环境，并反过来影响和制约人们的生活。我国民族传统体育文化对国民生活的影响极为广泛且深远，是其他体育文化无法比拟的。中国体育受儒家思想的长久影响，逐步形成了一种独具特色的文化。正如马克思所言，人是社会的主体，而社会也是由人组成的。坚持以人为本，也就是尊重、理解、关心人，以人为出发点和最终归宿，认为人的价值和权利至高无上。体育文化的价值是以人为中心的，与人类发展有着十分紧密的联系。体育文化能够满足人类某些生理和心理需求，成为人们的生活方式，助推人类进步并对其产生依赖性。此外，体育是人类参与的运动，离开人和社会，体育文化就无从谈起。所以，体育文化的价值在于与人之间的必然互动关系。

当前阶段，我国正在全面推进体育公共服务体系的建设，这是一个旨在提升全民健康素质和推进社会和谐发展的重要举措。但是，我们也应意识到，只有当民生达到小康水平，体育的社会功能才能够更充分地发挥。随着社会经济的发展，人们的闲暇时间越来越多，对更多文化娱乐活动的需求也越来越大。因此，我们需要不断丰富和完善各种文化娱乐活动包括体育等。在体育方面，基于体育文化的民族性特点，各种民族传统体育活动已经成为我们文化娱乐的重要组成部分。这些传统体育活动有其独特的形式、规则和精神内涵，不但能够弘扬民族传统体育文化，还能够为现代体育文化的发展提供宝贵的经验和启示。因此，我们应该重视和保护这些传统体育活动，同时积极推广和创新，使其更好地适应现代社会的需求。在构建体育公共服务体系方面，这些传统体育活动也能够提供重要的精神内容。在公共体育设施建设、体育人才培养、体育赛事组织等方面，我们可以充分利用这些传统体育活动的资源和经验，满足不同人群的体育需求。同时，我们还需要注重体育公共服务的质量和效益，以求为广大群众提供更加便捷、优质的体育服务，从而推动全民健康素质提高和社会和谐发展。

（四）民族传统体育人才储备为体育公共服务提供优质人力资源

在当前全球体育高速发展的时代浪潮下，我国民族传统体育水平的整体提升依赖于各项目运动员、教练员的不懈付出和拼搏努力。其中，各项目运动员作为民族传统体育活动的核心要素，在高水平竞技体育比赛中展现的体育魅力，吸引了社会大众的广泛关注。这些体育巨星会产生巨大的社会影响力。另外，我国高度重视退役运动员的再就业问题，尤其关注这些人才在公共服务领域的积极作用。据了解，一些运动员在退役后会选择进入企事业单位就业。他们积极参与体育公共活动，能够直接提升企事业员工对体育的认知，并且激励他们参与体育活动，传递体育精神。还有一些运动员在退役后会选择担任社区体育指导员或者当兼职教练员，为广大社会公众服务。他们的加入能够指导群众学习运动技能和认识体育运动，进而满足人们的体育公共需求。

（五）民族传统体育赛事活动为体育公共服务提供多层次需求

每逢举办规模宏大的民族传统体育赛事时，均会吸引全民参与。为了筹划这些民族传统体育赛事，有关方面会组织各种各样有所关联的群众性体育活动。这些体育活动的策划及组织，极大地鼓舞了人民群众参与体育运动的热情，凭借这些形式多样的群众性体育活动，让社会大众真正感受到了体育魅力，领略了体育价值，增强了体育意识。在举办民族传统体育赛事的进程中，受益者是多方面的。这些赛事活动能够有效激发参与比赛的运动员对体育运动的热情，进一步提升运动成绩；而对于现场的观众来说，不但能够得到视觉和精神上的双重享受，陶冶情操，而且能够感受到民族传统体育的魅力。如今，各种各样的民族传统体育活动不但是满足人们精神需求的一种方式，而且让更多的人从观看群体向参加群体转变，满足了他们不同层次的体育公共服务需求。

第五章　文化视域下体育公共服务与民族传统体育互动发展的影响

第一节　文化视域下体育公共服务动机对民族传统体育的影响

一、以文化为视角探究体育公共服务动机对民族传统体育发展的必要性

胡锦涛同志在党的十八大报告中曾明确提出，要加快“建设社会主义文化强国”的步伐，激起全国人民的文化创造力及创造热情，提升国家的文化综合实力及综合竞争力，让民族传统体育能够更好地服务人民，造福人民。基于此，我们不但要把民族传统体育文化视为国家体育公共服务的关键构成部分，而且要把其视为增强我国文化建设的关键途径之一。我国民族传统体育是异常珍贵的文化遗产，其内部蕴含的文化元素既有与社会发展相协调的因素，又有与当代社会核心价值观存在显著冲突的因素。因此，我们需要格外关注民族传统体育的发展及其代表的文化意义。基于当今文化视域，如何推进民族传统体育文化与主流文化的融合，如何挖掘其深藏的主流文化价值，以加强其普及度与吸引力，是制订民族传统体育文化未来发展战略所需处理的核心难题。

（一）国家体育事业发展的文化需求

所谓民族传统体育，就是一个民族在特定区域内伴随特定生产与生活材料而创造、享用并且传承的物质体育文化事象。这种体育文化不但蕴含语言、宗教、精神、道德、艺术和心理方面的特征，而且能彰显该民族的独特气质。在当今全球化的体育文化氛围下，民族传统体育具备的这些特征有着十分重要的价值。在国家体育事业的发展层面，民族传统体育文化是一种重要的精神支柱与发展基础。一旦失去这些特征，该民族的体育就会失去独特性。[①] 在国家“十二五”时期，伴随社会经济的快速向前，人民对体育的需求日益高涨，但与之相对应的体育公共服务供给不足。因此，除了构建完善的体育公共服务体系外，还需要关注发展体育文化。要积极弘扬爱国主义精神，深入挖掘、整理、保护并且利用民族传统体育文化遗产，以增大民族体育文化的影响力。此外，还应当充分借助体育的作用，增强民族凝聚力、鼓舞民族精神、提升国家形象和民族文化吸引力，进而打好体育发展的社会基础与文化根基，推进中国体育文化软实力的提升。《体育事业发展“十二五”规划》也着重强调了民族传统体育的公共服务功能，彰显了政府在文化责任上的转型，应当从“硬实力”基础设施建设向“软实力”方向转变。这样不但增强了我国体育公共服务文化责任感，而且提升了民族传统体育的公共服务地位，为评估我国体育公共服务的成效提出了新的视角。除此之外，也为我国民族传统体育面对“西式体育”的冲击及“西式体育”文化传承体系的断裂提供了珍贵的发展机遇。[②]

（二）民族传统体育文化传承的路径选择

并不是一切文化均适合成为“软实力”，只有那些“有魂”的文化才能够成为“软实力”。文化软实力的核心在于资源文化和资源能力，及对人们需求的满足能力。由此，文化软实力指的是一种借助文化魅力来产生

① 胡立平，谢谦梅，高成强．文化传播下传统武术的文化诉求[J]．南京体育学院学报，2011，25(3)：47－50.

② 白晋湘．全球化视野下民族传统体育文化的传承与发展[J]．南京体育学院学报，2011，25(3)：34－37.

影响力和吸纳力的政策手段或者工具，其中蕴含的吸引力起到了积极作用，并借助自身的内在能量来吸引他人靠近。民族传统体育是人类文化生活中不可或缺的一部分，与社会发展密切相关。在全球化背景下，伴随西方现代体育的侵入和人们价值观的扭曲，民族传统体育逐步被边缘化。当代民族传统体育文化面临的重重困境，再次验证了文化的价值虽然十分重要，但并不代表它具备无条件被接受的魅力。价值是文化的核心，文化的大众性是其价值的终极体现，只有借助人民素质的提升，才能让民族传统体育文化获得真正的“软实力”。民族传统体育公共服务是以其文化价值在民族、传统和体育方面的资源能力为依据，以公共服务为方式，从意识形态、价值观念、生活方式和民族整体素质等多个角度影响当代社会，并逐步渗透到人民生活中，进而将民族传统体育文化资源转变为文化软实力。从中可以发现，把民族传统体育融入体育公共服务领域，不但是国家体育事业发展的需要，而且是忠诚于自身文化历史的表现，同时也是民族传统体育文化有效抓住生存机遇做出的必然抉择。

二、以文化为视角探究体育公共服务动机对民族传统体育发展的影响

（一）能够提升人们对民族传统体育文化的认同

文化是一个国家、一个民族的基因标识，是民族发展与传承的重要保障。文化认同是文化得以延续的必要条件。一种文化的存在与发展，往往取决于其内涵和形态。民族传统体育文化代表着一种文化身份。人们对民族传统体育文化的价值、评价和理性评判，决定着人们的参与行为。然而在全球文化大融合的背景下，人们越来越认同西方体育文化，接受了其代表的生活方式、文化观念，甚至价值观等，同时也深受西方体育思想中的“竞争”“超越”“较量”等理念的影响。与此形成鲜明对照的是，我国民族传统体育文化在社会中的地位正在下滑。《中华民族传统体育志》记录，全国共有 977 项民族传统体育运动，截至 2019 年，仅剩少数几十项仍旧在

活跃、保护与传承中，大多处于“珍藏”状态。[①] “民族传统体育”在“西式体育”的遮蔽下，常被视为“非主流”体育活动，而事实并非如此。我国民族传统体育是一项在民间广泛开展的体育运动。由于“主流”人群对其认识片面，所以对民族传统体育存在诸多偏见。

文化软实力是以文化认同为核心的“软实力”，它与经济、政治、思想、文化、道德等有机融合、相互促进。在文化方面，民族传统体育深藏的“养”“生”“和”“合”等文化观念与现今世界的核心价值观相吻合。这些深刻的文化理念仍旧是我们提升国家文化软实力的珍贵宝藏。[②] 可是，在多元文化、多元价值的氛围中，民族传统体育文化却惨遭排斥与疏远。这种现象的出现不但反映出民族传统体育在传承中遭受的危机，而且否认了民族传统体育的合理性。事实上，正是这种文化生产与文化需求之间的对立，才使民族传统体育文化深藏的创新潜力有可能成为其内在发展动力。所以，要实现民族传统体育的公共服务功能，关键是要把其传统文化资源与现代社会的核心价值观相融合。这样才能够协调民族传统体育的文化生产与人民的体育文化需求，提升人民对民族传统体育的认可度。

（二）能够防止民族传统体育文化的过分异化

所谓“异化”，指的是从主体中分离出来的客观事物与主体相分离，却反过来影响主体的构成。[③] 在民族传统体育中，“异化”现象妨碍并扭曲了其健康发展。由于生存环境、文化环境及社会形态的变迁，民族传统体育的异化呈现出时代特色，不但涉及内容、形式，而且包括对主体作用的影响。就民族传统体育的现代发展来说，这种异化是由西方体育文化与我国本土传统体育文化的摩擦而造成的。西方体育项目有着极强的文化渗透力，能够掩盖我国民族传统体育文化在“全球”和“本土”的文化张力，

---

① 中国体育博物馆，国家体委文史工作委员会．中华民族传统体育志[M]．南宁：广西民族出版社，1990.

② 田祖国．国家文化软实力提升与民族传统体育发展的互动研究[J]．沈阳体育学院学报，2010，29(2)：116－119.

③ 周爱光．竞技运动异化论[M]．广州：广东高等教育出版社，1999.

进而造成根植于传统文化中的民族传统体育脱离了自身的“民族”和“传统”文化空间。例如，我国的传统武学不是以挖掘人体潜能及追求生理极限为目标，而是受到道教“自然身体”观念影响，把注意力集中在身心统一与道德教化上。① 可是，长期以来由于公众对武术文化的轻视，造成传统武术的“打练结合”走向了相反的方向。竞技性武术套路主要强调挖掘人类身体机能的极限，却忽略了传统武术文化的传承，从而造成武术实质与功能的异化。过分注重“普遍性”的“异化”，导致武术失去了与其他技击文化共同发展的独特文化标志。文化是民族的代表，而民族意识则是文化身份的核心，其发展过程和内容形态将成为特定人群的文化表现与身份依据。为了使民族传统体育更加契合现代体育的要求，必须保留其独特的文化特征。只有在民族传统体育文化繁荣和与现代体育文化共存的情况下，民族传统体育的公共服务功能才能完全施展。

（三）能够提升民族传统体育文化的创新能力

没有哪个民族的传统文化具备适应时代发展与人类变革的一切元素。所以，为了助推民族传统体育文化向前发展，必须对其进行创新。创新应当建立在民族文化与历史传统的根基之上，并按照国际先进文化价值观对其改造及重构，进而实现民族传统体育文化特殊性的大众化。作为一种文化传承的关键途径，民族传统体育文化的创新至关重要。在民族传统体育文化创新过程中，必须对其蕴含的文化遗产进行合理保护与继承，同时，要深入挖掘和改造与当代价值观念不相符的因素，以适应时代的需求。作为中国传统体育文化的代表之一，武术包含的文化精神正在被世界人民所理解。在如今文化全球化的大背景下，仅仅把武术视为一种运动是不够全面的。② 中国武术攻防文化的核心要义是“和谐”，这也是中国武术与西方竞技文化的根本差别，对此应当给予重视和研究。武术文化中的“和谐”思想与我国“构建和谐社会”及“世界由冲突到和平、由冷战到对话”的

---

① 刘彩萍．当代学校武术教育价值刍论[M]．北京：北京体育大学出版社，2011.

② 邱丕相，马文国．武术文化研究和教育研究的当代意义[J]．体育文化导刊，2005(4)：18－20.

“和谐”理念相一致。所以，武术的动作方式、传播手段及推广机制应当与武术的健身、防身、修身养性等文化理念相融合，以提升武术的影响力、渗透力及吸引力。然而，现阶段学校体育、群众性体育中对武术的传承，往往只关注动作技巧的培养，忽视了其倡导的人与自然、人与人、人与己、身与心的“和谐”文化理念，从而造成学习武术的人没有真正领会武术“和谐”的文化理念。并且这样的培训方式忽视了武术的文化内涵，难以彰显武术与其他格斗运动的不同，反而会让练武术的人感到武术缺乏灵活性与趣味性。事实上，创新民族传统体育文化需要在传统与现代、民族与世界之间协调自身的内部矛盾，并充分发挥其服务功能。如果没有创新，那么民族传统体育文化就难以在文化相融的角力中获得价值认可，进而难以为文化软实力发展提供推动力。

（四）能够避免民族传统体育理论探究的断层

理论是文化传承的基石，任何一种理论体系的理性建构，均是一种复杂多变的环境因素与自身结构相互作用的过程。作为承载民族传统文化的组成部分，探究民族传统体育的理论也理应遵循这项原则。但是，出于历史原因，民族传统体育在理论构建上往往是以自我为中心，过分凸显其本体历史、文化、价值、功能和特色等同质性因素的解释，欠缺对全球化背景下民族传统体育在发展过程中所要面对的异质性环境因素的深入研究。[①] 就民族传统体育来说，同质性环境因素指的是在东西方体育文化猛烈碰撞的前提下，民族传统体育需要彰显自己的独特民族特色。而异质性环境因素则是推进民族传统体育文化与自身周围环境展开物质、信息和能量的交换，并且能够为民族传统体育理论体系中新结构的萌发创造条件的因素。

在文化视域下，研究者没能充分关注民族传统体育所处社会环境中存在的异质性因素。这种遗憾体现在两个方面：其一，在全球化的大前提

① 陈茂林，余启政．我国民族传统体育的发展困境与优化途径透视[J]．成都体育学院学报，2011，37(8)：37－40.

下，对民族传统体育及其与现代主流体育的差异欠缺比较深入的探讨；其二，在探究民族传统体育文化整合与重构的实际意义和价值的同时，未能展开全面细致的研究。早期的研究只是探讨了民族传统体育在当代发展中面对的挑战，而没有充分阐释其未来的发展轨迹。民族传统体育是一项特殊的文化研究，必须基于其同质性文化元素，重点关注其认同力、凝聚力、辐射力、创新力和生产力等要素之间的相互作用规律，以深入探讨其同质性及异质性要素之间的相互作用，进而传承并改造民族传统体育，推进其向自身结构确定的发展方向发展。

（五）能够充分认识教育对民族传统体育文化发展的核心作用

在体育发展的历史长河中，学校在体育运动的推广、普及与提升方面扮演着十分关键的角色。充分发挥学校教育体系的作用，有助于传承民族传统体育文化，能够填补现有教学形式与内容的不足。在学校体育活动中，武术是民族传统体育中表现最优秀的一门运动。武术借助规范动作、视觉转化、伦理关卡等多种方式，不再是单纯以制服他人为目标的技术，而是转化为控制自身的技术，从而使武术具备了伦理道德内涵，成为促进人们修身养性的手段，具备了与其他民族武技不一样的文化个性。因此可以说，武术是人类社会化和学校教育的重要基础。武术最开始以“体操化”的方式进入校园，随后以“竞技性”实现从“传统”到“现代”的转型。毫无疑问，“体操化”“竞技性”是西方竞技体育在特定历史背景下，对武术发展产生的促进作用。然而，就像万物皆有其发展规律一样，武术的发展也会产生一些与追求目标相背离的矛盾，进而导致学校体育活动中武术的边缘化。目前，学校的武术教学过分注重传承固定的套路动作，却忽略了传承武术的历史、套路的文化渊源、动作的攻防技击本质、攻防动作的文化内涵、套路编排的基本原则及武术的伦理道德规范等关键方面。这种“唯套路”式的教学模式妨碍了武术文化的传承，让学生对单调乏味的套路产生厌倦情绪，造成学生和学校对武术的漠视现象。这种状况与提升我国体育文化软实力战略目标，以及将民族传统体育纳入体育公共服务体系目标明显存在矛盾。广泛的社会参与扩展了民族传统体育的公共服务功能，而其文化传承和发展则更多依赖年轻人。倘若把民族传统体育文化从校园中移出，其吸引力和创新能力便会岌岌可危，文化传承水平也会大打折扣。

第二节　文化视域下民族传统体育功能对体育公共服务的影响

总览我国的体育公共服务，可以发现民族传统体育扮演着十分重要的角色，除了能增强参与者体质外，还衍生了多种社会功能，如政治、经济、文化、教育、健身和娱乐等功能。民族传统体育影响着人们的日常生活，具有潜移默化的力量。民族传统体育的社会功能在体育公共服务中发挥了内部驱动作用，涵盖教育功能、健身功能、娱乐功能和经济功能四个方面。

一、民族传统体育的教育功能及其对体育公共服务的影响

（一）民族传统体育的教育功能

体育活动是一种极具教育效果的手段，有着广泛且深远的社会教育意义。在现实生活中，体育教育对人们的价值观、伦理道德观、审美观及行为方式等均具有一定的影响力。

我国民族传统体育在孕育与发展的过程中，始终保持与教育的密切关系，它不但是教育的重点内容，而且是关键手段，在历史发展中发挥了积极而深刻的作用。在人类早期的教育活动中，民族传统体育以娱乐、游戏、舞蹈等身体活动作为教育手段。在那个文字和书本均未出现的时代，人们的教育通常是凭借口口相传或者模仿等方式来传授知识的，故而民族传统体育有着早期启蒙教育的特征。《中国古代教育史》的史料记载，人们不但在生产实践及劳动过程中接受教育，而且在政治、经济、文艺等活动中受到教育。人们一般通过游戏、竞技、舞蹈、唱歌、记事符号等多种

方式来进行教育。①

西周时期，人们接受教育的内容是“礼、乐、射、御、书、数”六艺。到了春秋时期，儒家学派创始人孔子把“礼、乐、射、御”四艺及有关的体育活动纳入了教育范畴。而到了唐代，武举制创立，当时教育的考试内容包含骑马射箭、步行射箭、举重等项目。在宋朝，武学成为教育课程的主要内容。在明朝时期，更增设了“武备”课堂，将武术技能视为教育的主要内容。到了近代，民族传统体育作为主要内容被纳入学校体育教育课程。随着现代社会的到来，民族传统体育在学校体育教育中得到了极大推广，开始蓬勃发展起来。这一点在高等院校的体育专业中体现得尤为显著，例如，设立了武术、八段锦、五禽戏等体育课程。同时，传统摔跤、围棋等项目也得到了更多的关注及发展。另外，在幼儿园和小学的体育课上，有许多简单有趣的民族传统体育项目，如骑竹马、跳山羊等，也深受学生的喜爱。一些地区还把秋千、键球、木球、蹴鞠等传统体育项目融入课外体育锻炼项目中。

将民族传统体育项目融入学校体育教育能够丰富学校体育教学内容，调动学生参与体育学习的积极性，同时也能够培养学生顽强的意志和团结、合作、勇敢、拼搏的精神，传承和弘扬中华民族谦虚、善良的传统美德。民族传统体育是培养民族认同感和民族精神的重要手段，在文化传承中具有鲜明的教育价值。我们应当深刻认识民族传统体育的历史、社会、文化传承价值，认识到民族传统体育作为历史“活化石”，能够填补正史典籍之不足。基于此，我们务必充分挖掘、整理、保护原生态的民族传统体育，使民族传统体育文化得到更好的传承与发扬。

此外，民族传统体育对群众体育活动有着积极的导向作用与示范功效。民族传统体育的多样性、趣味性成为群众参与体育活动的关键动因，极大地提升了人们参与体育活动的热情，继而推动群众体育的发展；相应地，群众体育的普及与提升又为民族传统体育发展奠定了良好基础。在推

---

① 毛礼锐，瞿菊农，邵鹤亭．中国古代教育史[M]．北京：人民教育出版社，1997.

广民族传统体育教育的过程中，不应当只局限在学校内，还应当普及到社会各个层面。通过充分发挥民族传统体育的教育功能，让民族传统体育参与主体树立正确的价值观念，以个人成长服务带动社会发展服务，推进体育公共服务事业的协调、健康发展。

（二）民族传统体育的教育功能推动体育公共服务发展

1. 学校民族传统体育教育功能对体育公共服务的影响

当前阶段，我国把学校的体育课程安排和提供体育场地、设施纳入了体育公共服务的范畴。处于不同级别的学校均配备了优越的场地器材设施，具备有专业背景的体育教师、灵活丰富的教学内容、稳定的授课时间及众多志同道合的同龄学生。与此同时，许多形式多样的民族传统体育运动已经大量应用于学校体育教学中，不但能够达到增强学生身体素质和健康的根本目的，而且能够在思想道德教育方面起到积极的作用。

（1）体育教师对学生的民族传统体育教育。

学生最开始学习民族传统体育是在校内，而体育教师则成为众多学生了解体育知识和技能的初步指导者。起始阶段，体育教师会教授最基础的民族传统体育项目，以全面发展学生身体素质，挖掘其身体潜力。随着年龄的增长，体育教师会教授一些普及度比较高的民族传统体育项目，以提高学生健康水平，让学生具备坚韧的意志与团队协作的精神。紧接着，学生就能够按照自己的兴趣来选择相应的民族传统体育项目开展身体锻炼，逐步形成有益身心健康的运动方式。

（2）兴趣团体对学生的民族传统体育教育。

在校园中，学生可以自愿加入体育俱乐部或者体育社团，这些团体是由学校主管或者组织设立的。比如武术俱乐部、射箭俱乐部、空竹俱乐部等，学生可以选择符合自己兴趣爱好的体育组织。在这些体育组织团体中，有运动技术较好或者接受过专业训练的教师及学生，他们能够传授民族传统体育的运动技术。这种团队活动不但能够增强学生体质，助其掌握运动技巧，而且能够促进学生与教师及同学之间的交流、了解、合作，对学生社交与适应能力的提升有很大助益。在体育俱乐部中，学生还有机会参与小型比赛，不但能锻炼学生的反应能力和思维能力，而且能激发他们的自信心与拼搏精神，缓解学业上的压力。

（3）学生相互之间的民族传统体育教育。

由于兴趣爱好一致，同龄人之间交流沟通更容易。学生之间相互学习是最常见的一种形式。在学生群体中，不可避免地会出现体育技能掌握程度的差异，此时可以鼓励掌握技术比较熟练的学生，利用空闲时间向其他同学开展技术动作的示范与讲解，一起开展技能练习，逐步提升技术水平。借助集体练习和小范围竞赛，提升学生的技能水平，增强体育知识的交流。学生之间的民族传统体育教育能够激发学生对民族传统体育运动的兴趣，有利于同学之间的学习交流与共同进步。此类教育不但能够丰富学生的课余生活，增强其身体素质，而且能够增进同学之间的感情。

2. 社会民族传统体育教育功能对体育公共服务的影响

由于社会人群构成比较复杂，再加上体育公共设施数量短缺、服务不够完善，以及缺少专职体育技能指导员，所以在社会范围内开展体育公共服务相对于在学校开展更具挑战性。尽管国家规定学校和社会体育场馆必须对公众开放，这在一定程度上可以缓解部分场地紧缺的问题，但是依旧有许多待解决的难题。随着“互联网＋”时代的来临，丰富的网络资源及大众传媒的介入，使社会人群开展民族传统体育学习和教育的路径变得更加便捷、直观，带来了诸多有益启示。

（1）社会体育指导员对人们的民族传统体育教育。

社会体育指导员是对从事除竞技体育、学校体育、军事体育之外的群众体育活动，进行技能传授、锻炼指导及组织管理的专业人员的统称。在我国的职业分类中，社会体育指导员被明确规定为社区公益性岗位之一。所以，社会体育指导员自然具有开展体育公共服务的能力。在我国一些有条件的地区，会在人们开展体育锻炼的地方安排社会体育指导员，让这些指导员通过技能传递的方式教授大众部分民族传统体育技术及技能，进而实施民族传统体育教育。

（2）大众传播媒体对人们的民族传统体育教育。

在当今信息技术高速发展的时代，大众传媒的作用愈加重要。现在，伴随智能手机和网络技术的快速普及，不同种类的体育运动 App 逐步涌现并快速更新。对于那些想要学习民族传统体育技能但是苦于没有合适机会的人而言，收集并下载民族传统体育学习资源是一个十分不错的选择。网络学习有诸多优点：能够避免时间的冲突及场地限制，学习者能够依据自己的理解程度反复观看学习；学习者可以借助网络社交工具与他人展开进度对比、数据共享，进而能够快速掌握民族传统体育运动技术，达到强身健体的目的。另外，大众还能够借助电视等媒介观看民族传统体育竞赛及有关的教学视频，了解各个项目和等级的民族传统体育内容，领会高水平运动员坚韧不拔、奋勇拼搏的体育精神，并将其内化为自我人格和体质的塑造。

（3）体育爱好者相互之间的民族传统体育教育。

由于有着共同的兴趣及爱好，具有同等数量的民族传统体育资源的群体更容易在线上和线下聚集。现在，户外运动爱好者联络组织的各种多样化体育活动在全国范围内广受欢迎，成为一个鲜活的案例。在开展民族传统体育教育时，应当借鉴“朋友圈”学习法，在共同的学习与运动实践中，互相交流技能，彼此学习民族传统体育技术。这样不但能够提升大众的民族传统体育技能水平，而且有助于促进交流，进而构建健康的社交网络和良好的生活方式。

二、民族传统体育的健身功能及其对体育公共服务的影响

（一）民族传统体育的健身功能

当前阶段，伴随政府不断推进体育公共服务的发展，以及全民健身运动蓬勃兴起，各种健身活动层出不穷。其中，民族传统体育以其独特的健身效果，越发受到广大体育爱好者的青睐。在一大批体育项目中，民族传统体育项目的占比也明显增大。我国民族传统运动项目一般会融合健康文化元素，这些元素大多源自人们日常生产和生活，与身体活动有着密切的

关系。民族传统体育要求人们直接参与运动，并且在娱乐身心的过程中逐步改善民族群众的体质，提升各个族群的健康水平。所以，强身健体成为民族传统体育运动的主要功能之一。参与民族传统体育运动能够促进有机体的生长发育，提升运动技能，改善中枢神经系统功能，调节心理状态，增强环境适应能力。我国各个民族在长期的生产、实践中累积了大量丰富的健身养生实践与理论经验，形成了与西方体育运动完全不同的健康观和运动观。

在我国，少数民族传统体育运动会享誉全国，深受人民群众的喜爱。少数民族传统体育运动会共设立了14个竞技项目，包括木球、珍珠球、蹴球、毽球、押加、秋千、抢花炮、射弩、马术、武术、龙舟和打陀螺等，这些项目的训练和比赛能够有针对性地提升身体的各项机能，对参赛者的身体素质要求较高。此外，还有一些具备本土民族特色的娱乐游戏类运动项目（如拔河、打手毽、跳绳、跳皮筋、爬杆、荡秋千等）可作为大众健身的有效手段。经常参与这些活动，能够帮助参与者改善身体素质，达到锻炼健身的目的。

我国民族传统体育不但能够提升锻炼者的身体素质，而且有助于提升人们的自我修养、促进身心全面发展，进而达到提升人们生命质量的要求。联合国开发计划署在《人类发展报告》中指出："人类发展是一个提升人们生存机会的过程，从总体上说，健康、长寿、接受良好教育和生活幸福美满是人类发展的基本标志。"[①] 现代体育发展极为注重健康，娱乐第一，借助身体活动改善人们的生活质量。在我国的民族传统体育中，诸如导引养生术、五禽戏、八段锦、太极拳，都是修炼身心与强健体魄最好的运动。我国民族传统体育为全民健身活动的推进提供了多样的练习方式与手段，呈现了无限的发展前景，其与全民健身活动的融合，代表了民族文化与体育文化发展的重要价值回归。

中华民族传统体育注重的不是竞技胜负，而在于体现其审美性、共娱

---

① 联合国开发计划署．人类发展报告[M]．北京：中国财政经济出版社，1991.

性及参与性。不论输赢，都被视为人生的历练、对生活的热爱以及人格的完善。中国传统民族体育文化着力强调以和为贵的理念，讲究推己及人，注重人际关系中的责任感。同时，这种文化不但包容了天人合一的生态观念，而且强调与自然环境和谐相处、与生活均衡发展。时至今日，伴随后工业社会的崛起，人们越来越遭受现代文明病之苦，参与身体锻炼的时间日趋减少。因此，现代人在追求提升个人体质、改善身体状况的同时，也亟须关注身心健康。民族传统体育具有独特的健身功能，对满足人们健身需求有着广泛的应用前景，并具备深度的开发与利用潜力，可以舒缓压力、预防现代文明病、提升生理素质和促进身体健康。

此外，民族传统体育的健身功能主要在于提供体育产品和服务以满足社会公众的需求。为人们创造参与民族传统体育的条件是服务重点。只有在体育场地、设施、器材等条件得到完善的情况下，体育公共服务才能更好地实现其功能。满足公众的体育需求是体育公共服务的基本要求，而其终极目标是实现公众的满意。通过提供各种形式的公共服务产品和活动，让社会大众在身心方面得到更大的满足。因此，要依照人们的健身需求，不断建设和完善更多的体育场馆、设施与器材，以满足人们多元化的需求；同时提供更加优越的健身条件，并确保体育场馆免费开放。此外，还要引入高水平竞技体育人才，为社区居民提供全面的体育健身指导和帮助，进而让大家更深刻地感受到体育公共服务的卓越性。

（二）民族传统体育的健身功能促进体育公共服务发展

1. 改善服务对象的身体机能

吸引更多民众参与体育运动是体育公共服务的根本宗旨，人们参与体育活动的目的在于获得健康，也能够享受快乐。合理运用民族传统体育方法开展锻炼，有助于改善大脑供血供氧状况，使头脑保持清醒，思维更加敏捷。同时，还能够改善呼吸与消化系统功能，增强身体健美程度，增加肌肉结实度，提升骨骼健壮度，进而有效提升劳动效能与运动能力，为体育公共服务打下坚实的群众基础，助推体育公共服务事业发展。

2. 提供科学合理的健身方法

我国民族传统体育领域，有着多种多样的训练方法与训练理论，这些科学理论有助于运动员不断提升自己的技能和实力。运动员需要在频繁的训练和挑战中持之以恒地应用这些方法及理论，才能够不断突破自我。这些有效的训练方法与科学训练理论是前人智慧的结晶，例如，针对不同项目特点归纳总结的项群训练理论揭示了训练规律，不但适用于训练场，而且能够应用在大众身上。除了基本训练方法，运动训练还可以采用分解训练法、完整训练法、重复训练法、间歇训练法、持续训练法、循环训练法、变换训练法和比赛训练法等。这些训练方法能够为健身活动提供指导，让人们按照锻炼项目和身体状况选择适合自己的训练方式，提升健身效果，深刻感受到体育公共服务带来的便利。

3. 激发参与者的健身动机

现今的民族传统体育是一项优美、完善的运动，它能够充分发掘和发挥人体的力量、智力与心理潜能，同时，将力与美、技与巧完美结合，使民族传统体育运动技艺日渐提升。尽管我们在这里探讨的民间传统体育项目不像竞技体育那般讲究难度、创新、前沿和高水平技巧，但它们自身也散发着竞技体育固有的热烈、拼搏、迅捷和刚毅的气息，吸引人们热情参与其中。

4. 促进体育公共服务协调发展

我国体育领域存在一个值得特别关注的问题，即民族传统体育和体育公共服务之间的矛盾。合理解决这个矛盾不但对于体育行业具有重大意义，而且在政治方面也极为关键。如今，民族传统体育备受社会关注，人们开始思考怎样在体育公共服务中充分展现民族传统体育的价值。为了协调民族传统体育与体育公共服务的发展，需要厘清系统内部各个方面的标准。除了提供必要的锻炼“硬件”设施外，体育公共服务还可以提供“软件”辅助，为体育公共服务发展提供动力支持。体育公共服务为人们提供了锻炼的机会与平台，民族传统体育以其独特的健身功能，为享有体育公共服务的大众提供了健身方法与原理。借助民族传统体育内在的健身功能，能够逐步提升体育公共服务对象的身体机能，促进锻炼者情感的提升，同时凭借民族传统体育独具特色的文化内核吸引更多人参与体育健身，进一步提升体育公共服务的地位与价值。

三、民族传统体育的娱乐功能及其对体育公共服务的影响

（一）民族传统体育的娱乐功能

民族传统体育注重身心娱乐，强调满足人们的身心与情感需求，不追求高超的技艺，而是注重娱乐性和游戏性，迎合普通大众的需求，参与者能够在其中得到乐趣和情感的释放。从简单的活动到技巧要求更高的竞赛，从随时随地的娱乐到与季节和仪式相结合的民族运动会，民族传统体育已经融合了宗教礼仪、生产劳动、佳节庆典等诸多元素，同时还与文化艺术形式和民族舞蹈等元素交相辉映。这一融合为传统民族体育注入了更多的娱乐性和多样性。

民族传统体育活动既是一种有趣的文化娱乐方式，也是一项观赏性极强的体育运动。在休闲娱乐中，它成了不可或缺的重要元素。举办一次民族传统体育活动往往会成为该民族的文化盛事。比如，第七届全国少数民族运动会在宁夏回族自治区银川市举行。该活动会聚了31个代表团，近万名参赛选手，规模空前，成为民族文化交流的重要平台。又如，蒙古族的“那达慕”盛会和在正月初三至正月十五举行的摆手舞，均是富有民族特色的庆祝活动，表演形式和风格各异，场面热闹欢乐。此外，元宵观灯、舞狮舞龙、踩高跷、划旱船、扭秧歌等民间活动也备受欢迎。这些活动经历了漫长的历史演变，并不断地改进与创新，形成了独特的风格和娱乐形式。观赏此类文体表演和体育竞技已成为民众的娱乐方式之一，不但增进了大众的社会交往和情感交流，还培养了大众积极乐观的心态。同时，类似拔河、秋千、打手毽等项目也同样具备极强的娱乐性，深受大众的欢迎。伴随社会的快速发展和生活节奏的加快，人们的生理和心理压力越来越大。为了减少压力以及达到愉悦身心的效果，许多人选择参加各种少数

民族传统体育运动。这些体育活动因其娱乐性强而备受欢迎，不但能够增强身体素质，而且能够为人们带来心灵愉悦和与自然界融为一体的超然感受。这些体育活动的目的在于使人们感到快乐轻松，缓解紧张情绪，提升心理健康水平。

（二）民族传统体育的娱乐功能助推体育公共服务发展

人们满足了基本生存需求后，开始关注身心健康和休闲消遣活动。民族传统体育作为民间娱乐活动，提供了多种休闲方式，不但能够促进大众身体健康，而且带来愉悦的心理体验。参与民族传统体育活动，不但能够满足人们的社交需求和提升自我认同感，而且能够丰富人们的业余生活。此外，观赏高水平的民族传统运动比赛，既能够感受到生命的力量，又能够获得美感享受，这对于人们的闲暇生活来说是不可或缺的重要部分。此外，民族传统体育比赛极具振奋人心的场面，不但能吸引观众，还能激发大家参与自己喜欢的运动项目以获得知识和身心的愉悦感。因此，民族传统体育有助于满足人们身体和精神上的需求，并减轻工作压力带来的疲劳和紧张感。更重要的是，积极参与民族传统体育运动有助于调整和丰富人们的精神文化生活。

然而，在如今的社会背景下，越来越多的人呼吁将传统体育商业化和娱乐化。为了让民族传统体育更好地参与体育公共服务，必须充分发挥其多种社会功能，其中包括提供娱乐的功能。

四、民族传统体育的经济功能及其对体育公共服务的影响

（一）民族传统体育的经济功能

民族传统体育资源极为丰富且具备地域性、主体性和广泛性的特征，往往与经济活动、生产和生活方式紧密相关。所以，应该充分利用这些资源，发挥其特殊作用，建设本地特色经济，推动民族地区经济发展。

借助民族传统体育的推广，能够快速促进体育产业的发展。比如，可以开设民族体育竞赛表演市场、健身娱乐市场和民族体育用品销售市场，

同时可以策划高水平的民族传统体育赛事，并利用广告宣传和电视直播带来经济收益；扩大文化教育体育和健身娱乐的消费市场，丰富和保护民族优秀传统文化，满足人们不断增加的健康消费需求；同时，可以发展相关经济实体，例如，生产民族体育服装和器材以及促进相关产品的制造与销售。此外，还可以将具有区域民族特色的民族体育和旅游相结合，充分利用体育旅游资源，从而促进区域整体经济的发展，实现更好的经济效益和社会效益。中国在20世纪80年代后期开始推广一些具有本土文化特色的传统体育项目，如龙舟比赛、国际风筝节和太极拳大会等，已成为发展旅游业、推动区域文化发展的重要手段。这些项目正向国际化方向发展，吸引了来自国内外的众多参与者，同时也推动了与传统民族体育相关的器材、服装和文化产品的产业化。中国武术散打王擂台赛对经济的影响深远，创造了巨大的经济利益。该比赛的传播具备广泛的覆盖面、整合发布、高曝光率、文体兼备、极富吸引力和黄金时段的独特特征。目前，散打比赛的明星已经初露锋芒，他们通过展示武术套路和绰号来彰显个人风格。此外，武术散打比赛的产品市场正在逐步形成，即忠实的散打观众已初步形成。成千上万的武术散打爱好者关注并投入其中，成为该庞大市场的支柱。

伴随社会的不断进步和全球经济、社会与政治的蓬勃发展，人们对自身内在精神和生命质量的追求日趋提升。为此，民族传统体育的重要性和价值在人类社会经济与生活中得到了进一步彰显。同时，为了提升体育公共服务的经济效益，必须积极推广发展民族传统体育的经济功能。

（二）民族传统体育的经济功能带动体育公共服务的发展

放眼全球体育产业，以竞技体育为核心逐步形成的产业已成为许多国家的支柱产业。美国NBA、意大利甲级联赛、中国中超联赛不但吸引了众多观众，也带动了相关体育产业的快速发展。为了达到与之相同的经济效益，我国的民族传统体育必须紧扣经济功能，充分利用紧张的民族传统体育项目赛事活动，刺激人们的消费欲望。从运动装备、旅行鞋、运动饮品，到生活休闲场所，包含衣食住行诸多方面，消费产品涵盖面极广。随之而来的是体育公共服务得到迅猛发展，而民族传统体育的经济功能也逐渐凸显。在国民经济中，民族传统体育必将以其强劲的震撼力占据一席之地，其极大的影响力必将形成强大的体育产业，推动体育公共服务快速发展。如此一来，便可真正实现“全民关注、全民参与、全民分享”的目标，最终实现体育公共服务的功效和作用。在体育公共服务中，通过提供体育公共服务产品和服务行为满足公众需求，逐步构建和完善体育场地、设施和器材。同时，引进高水平的体育技能人才开展指导与帮助，可以满足人们多样化的体育服务需求，并且在这种服务中，以个人的成长服务来推动社会的发展服务，二者有机结合，共同推进体育公共服务的发展。

第三节　文化视域下民族传统体育的组织类型对体育公共服务的影响

由于民族传统体育在政治、经济和社会文化价值方面的独特性，它已经成为人类体育中最具代表性的实践活动之一。我国民族传统体育的发展和推广、国家经济实力的提升，使得该领域的制度保障日趋完善，市场化程度也随之增长。从过去参与人数较少、组织形式单一的状态，转变为现在的多种多样的组织形式。伴随民族传统体育的快速普及，可以借助提供体育公共服务的方式，充分发挥各种基本组织类型的优势与特色，并与政府提供的公共服务相互融合，更好地服务广大民众。

一、民族传统体育的基本组织类型

我们国家的民族传统体育发展迅速，表现形式层出不穷，各具特色和作用。如今，这些特点更加突出，效果更加明显，民族传统体育的基本组织类型已经基本确定。

（一）职业民族传统体育

职业民族传统体育，也可看作一种商业性质的体育，是旨在追求赛事价值与商业利益的高水平体育活动。从中可以看出，职业民族传统体育不仅具有商业性质，还具有表演性质，是市场经济的必然产物。

（二）专业民族传统体育

专业民族传统体育是一种以表达国家意志为主要任务的体育体制，它不同于职业民族传统体育与业余民族传统体育，没有明显的市场经济特征，也不以健身、休闲、娱乐为主。

（三）业余民族传统体育

业余民族传统体育具备自发性、非专业性、群众性的特点。因此，业余民族传统体育是体育爱好者利用业余时间参与的一种以自发性、非专业性、群众性为主要特征的体育运动。

二、民族传统体育的组织类型对体育公共服务的影响

目前我国民族传统体育已经成为为公众服务的重要领域。从文化角度来看，我国民族传统体育已经日趋成熟。它由于在竞技、精神和制度等多方面的贡献获得了大力推广与广泛传播，已经融入社会公共文化。民族传统体育的传承与发展已经引发人民群众的普遍关注，成为一种新的社会需求。我国民族传统体育是体育公共服务十分重要的构成部分，其在增强民族自豪感和自信心方面具有独特作用。同时，中国传统体育弘扬了顽强拼搏、勤奋进取的精神，具有凝聚人心、激发爱国热情、引导树立正确人生观的功能。所以，发展社会公共服务应当充分发挥中国传统体育的作用，协助和支持全社会体育公共服务的发展。

民族传统体育是社会公共文化活动，有着多重功效和作用。其基本组织类型不同，对体育公共服务的影响也不同。因此，本书详细阐述民族传统体育基本组织类型对体育公共服务的影响，以更好地展现民族传统体育的多样性和重要性。

（一）职业民族传统体育对体育公共服务的影响

在市场经济条件下，体育与经济紧密相连，形成了职业化的民族传统

体育。职业民族传统体育已经具备了专业化技术、先进的信息手段、丰富的资源和优势等，能够更好地助力体育公共服务。职业民族传统体育的核心是职业俱乐部。这些俱乐部依据市场规则开展经营活动，以获取最大经济效益为目标，并将竞技运动纳入其中。在这样的基础上，职业民族传统体育的运动员或者运动队提供的娱乐性产品，如邀请赛、挑战赛等，均以市场需求为导向，提供的往往是准公共服务。职业民族传统体育不但能够提供大量准公共服务，而且能够在政府的支持下，把这些准公共服务转化为基本公共服务（纯公共服务）。职业民族传统体育提供的纯公共服务和准公共服务均在体育公共服务中发挥着各自的作用，进而满足公众不同的体育公共服务需求。

1. 职业民族传统体育完善体育公共服务指导体系

健身娱乐理论探究、健身娱乐方法探究与推广、运动技术指导三个子系统，一起构成了体育公共服务指导体系。可是，竞技体育领域中的职业民族传统体育表现出无可比拟的优势，超过了学校体育和大众体育。借助其特有的技术，职业民族传统体育以体育公共服务为平台，为社会大众提供技术指导服务。伴随“全民健身计划”的全力推行，人们对自身身体素质的认识逐步提升，参与各类体育运动的人数也持续增加。政府应当通过鼓励、引导或者资助职业体育运动俱乐部的方式，为社会大众提供专业的技术指导与训练，推进体育公共服务事业和全民健身计划的实施。

有关调查结果发现，职业民族传统体育比赛次数频繁，运动员始终处于长期备战的状态。但是，在我国体育公共服务指导系统的志愿团队中却存在严重缺乏职业运动员的现象，从而导致我国体育公共服务中的职业技术指导相对滞后，高层次职业指导员和团队也十分匮乏。所以，政府和职业俱乐部之间应当加强沟通，鼓励和引导职业运动员参与体育志愿者队伍，为广大群众提供职业技术方面的指导服务。这将有利于展示职业民族传统体育的技术优势，同时，有利于该体育项目在体育公共服务中的推广与发展。

2. 职业民族传统体育提供体育公共服务场地设施

作为体育公共服务的物质基础，职业民族传统体育的物质文化资源被视为公共产品资源，在体育公共服务中发挥着不可或缺的作用。其中，大型场馆设施是主要产品内容。在我国建设的众多体育场馆中，有不少场馆设施都达到了很高的标准。一方面，不少由政府资助的场馆做到了自主化经营，开始对公众开放，收取部分场馆维护费。一些场馆甚至对特殊群体定时免费开放，这一趋势还在继续扩大。此外，一些体育设施更新缓慢、陈旧，被淘汰出职业民族传统体育项目，并逐步对外开放。另一方面，一些由职业俱乐部自己建造的体育场馆、俱乐部在比赛或训练时为俱乐部使用，在比赛、训练结束后，场馆能为民众提供体育运动场地，供群众有偿或免费使用。我们国家职业民族传统体育运动场馆丰富，有利于进一步提升体育公共服务水平，使之在原有的基础上进一步增加场馆数量，完善场馆类型。

3. 职业民族传统体育丰富体育公共服务信息体系

职业民族传统体育信息内容丰富多彩，形式多样，能够为公众提供更多的信息服务。借助宣传媒体，公众能够更多地了解职业民族传统体育活动的内容、程序、方式及特点，更好地参与到职业民族传统体育的活动中来。同样，职业民族传统体育信息能够借助广泛的渠道传播，其中包含互联网、电视、报纸、广播等，让人们在最短的时间内了解最新动态。此外，基础信息传播还承担着弘扬职业民族传统体育精神的重任，有着不可替代的地位。民族传统体育蕴含坚韧、拼搏、勇敢、超越等精神，是人们日常生活中应当培养的。所以，以体育公共服务的形式为公众提供职业民族传统体育精神文化信息，能够丰富公众的精神生活，也能够丰富体育公共服务信息系统的内涵和价值。除了提供大量的信息来支持体育公共服务信息系统外，职业民族传统体育还能够借鉴信息传播优势，更好地服务广大人民群众，为他们提供更多、更好、更快捷的体育资讯和咨询服务。

4. 职业民族传统体育完善体育公共服务政策法规体系

改革开放以来，随着时间的推移，我国体育管理体制改革不断深化，职业民族传统体育逐步做到法制化、制度化。在各项体育运动中，各大俱乐部和联盟也制定了一系列制度来规范行业内部管理，其中包含俱乐部训练管理制度、体育竞赛计划和申办以及安全管理制度、运动员选拔和选派制度、裁判员管理制度、竞赛纪律和反兴奋剂管理条例等。这些制度保障有助于推进民族传统体育职业化实现质的飞跃。借鉴职业民族传统体育的管理经验，将与大众体育有所关联的训练制度、安全管理制度、竞赛纪律和奖励机制等内容引入体育公共服务管理体系，可以进一步提升体育公共服务质量，完善相关政策法规，推进体育公共服务发展，使体育公共服务尽快进入制度化轨道，达成资源共享、服务群众的目标。

5. 职业民族传统体育完善体育公共服务活动体系

体育活动体系是指由多种满足公众健身、娱乐、教育、竞技和休闲需求构成要素组成的一个有机整体。[①] 而竞赛性活动是职业民族传统体育提供体育公共服务的主要形式。为了推动职业民族传统运动走进“准公共”的体育服务领域，我们采取了多种形式，如举办表演赛、挑战赛和邀请赛等。此项运动竞技性和观赏性俱佳，吸引了大量观众热情参与，有效提升了竞赛性活动产品的质量，为提升体育公共服务水平提供了有力支持。

（二）专业民族传统体育对体育公共服务的影响

专业民族传统体育的发展是中国历史与现实情况，以及社会政治、经济、思想文化等多方面因素综合作用的结果。该种具有独特体育形式的民族传统体育活动依赖政府的行政管理方式，致力于为人民群众提供公益性质的体育公共服务，并且其产品类型以纯公共服务为主。

专业民族传统体育的培养和竞赛组织与管理可由专业运动队及专业体育学校协同完成。专业民族传统体育与职业民族传统体育既有联系，也有区别。我国拥有丰富的专业民族传统体育技术和资源，对体育公共服务的技术、场地设施以及竞赛活动等产生了重要影响。此外，专业民族传统体

---

① 肖林鹏，李宗浩，杨晓晨．我国公共体育服务体系概念开发及其结构探讨［J］．天津体育学院学报，2008，22(6)：472－475.

育还因其独特性质，在推进我国体育事业发展方面发挥了特殊作用。

专业民族传统体育的独特性确保了体育公共服务的均等化。职业民族传统体育享有广阔的市场前景及丰富的体育资源，而专业民族传统体育是政府践行“举国体制”的重要体现，由政府组织与管理。在这样的基础上，专业民族传统体育依靠政府资金的支持来促进发展，能够快速整合各类行政资源，推进体育公共服务的发展与完善。相对于职业民族传统体育，专业民族传统体育的经营模式更特殊。不过，其重要性是不容忽视的。在政府的强力支持下，公众体育权利获得了保障，公众参与体育活动也实现了均等性。政府以公共利益为出发点，在专业民族传统体育方面向人民提供体育公共服务。为了满足广大群众的体育需求，政府举办了各类体育赛事，包括全运会、城市运动会、大学生运动会等大型活动。这些运动会以增进人民福祉为目的，旨在传承和弘扬社会公共文化。因此，这些赛事具有明显的公益性。以此方式，专业民族传统体育在一定程度上消除了区域、城乡与阶层间的差异，确保来自不同区域和阶层的人们能够参与其中，推进了体育公共服务的均等化发展。

（三）业余民族传统体育对体育公共服务的影响

为促进社会公共文化的发展，需要推动广大群众参与和宣传。此外，民族传统体育作为一种业余运动，不但能够扩大体育公共服务的范围，而且能够为大众提供更多的体育选择。然而，在实施体育公共服务时，有些条件难以由政府或者市场主体提供，存在成本过高或市场主体无力覆盖的情况。在此情况下，可以授权民族传统体育社团等组织为公众提供与其相关的服务，以达到提供体育公共服务的目的。这样，通过社会组织能够为人民群众提供业余民族传统体育方面的服务。此外，业余民族传统体育存在广泛的参与性，具有参加人数众多等特点，反映出人们对竞赛表演、制度文化、运动技能等方面的需求也相对更高。这种需求的多样性，更加彰显出了业余民族传统体育文化的多样性。同时，由于这种体育形式，其监督反馈过程和外部环境的保障也受到了影响。

业余民族传统运动以人民群众的参与为主，运动参与者在体育活动中不但能够满足自己的需求和渴望，而且能够激发对体育更高层次的追求。因此，借助体育公共服务平台，业余民族传统体育可以为广大民众提供公益性文化服务，达到文化资源共享的目的，同时也满足了人们追求文化需求的愿望。为了满足个人需求，社会公众积极参与各种类型的公益性体育活动。广大民众可以参与体育活动、观赏比赛、获取相关信息及接受专业指导。当公众参与业余民族传统体育活动的时候，不可避免地会带着个人的期望与经历，故公众会监督、评估政府提供的社会公共服务。政府应当重视公众反馈的意见，协助居民监管服务并处理反馈的问题。通过体验体育公共服务，业余民族传统体育爱好者能够提出产品需求以及反馈体育公共服务产品的质量水平，进而促进体育公共服务水平的提升和达到预期目标。

同样，大众积极参与政府提供的体育公共服务也有助于营造良好的体育氛围。具备良好的体育氛围是体育公共服务的最佳实施条件。因此，要促进体育公共服务的发展，除政府的支持协助外，参与者还应创造和维持一种有利于其发展的良好氛围。在体育服务方面，良好的环境气氛应包含健康观念、正确的体育观念、健身意识的形成等。[①] 业余民族传统体育在发挥群众性方面有天然的优势。借助业余民族传统体育参与者的身体力行，可以传递正确的观念，拉近与普通大众的距离，同时吸引更多民众加入体育活动。这种方式能够构建健康的社会舆论环境，培育正确的体育观念，实现对体育公共服务的有效支持，并得到民众的拥护。

发展和实施体育公共服务是造福全民的大事，能够满足人民群众对体育的需求，提升人民的体质。在新时代下，传承和发展民族传统运动有着十分重大的意义。不同的基本组织类型有着不同的特征和作用，这些组织类型与体育公共服务息息相关。在我国体育公共服务的发展中，三大民族传统体育组织类型对提升体育公共服务有着不同的效应和影响。这三个方面互相作用、互相联系、互相影响，共同为体育公共服务水平的提升做出努力。

---

① 王才兴．构建完善的体育公共服务体系[J]．体育科研，2008，29(2)：1－13.

第六章　文化视域下体育公共服务与民族传统体育互动发展的优化策略

第一节　文化视域下体育公共服务与民族传统体育互动发展的多样需求和多元供给

一、民族传统体育公共服务产品的主体需求多样化

（一）民族传统体育公共服务产品需求多样化的表现

1. 需求质量日益提升

伴随社会经济的快速发展，人们的物质与精神生活变得更加丰富多样。这使人们对体育公共服务产品的品质提出了更高要求，并增加了消费需求。对于民族传统体育观赏性服务产品，消费者会考虑时间与价值成本，但比赛品质仍旧是影响消费需求的最关键因素。比赛品质体现在比赛的诚信、参赛选手技能与策略水平、职业精神，以及对比赛结果的预期。作为民族传统体育用品，应当以卓越品质赢得消费者的青睐。

2. 需求结构日益调整

我国一直着力推广与发展本土民族传统体育。可是，伴随社会经济的向前推进，人们的物质生活水平逐步提升，他们对精神生活质量的要求也越来越高，已经从最初的视觉欣赏发展到能够参与和体验的需求。在这样

的背景下，我国民族传统体育日趋成为人们日常生活中的一部分，为人们的身体健康与快乐生活提供服务。再者，随着互联网等新兴媒体的兴起，公众对获取我国民族传统体育公共服务产品信息的需求也越发高涨。

近年来，社会民众对民族传统体育的需求结构发生了变化，逐步从单一的精神需求和国家（地方）情感等方面的需求，向精神与体验共存的方向转变。同时，群众的体验需求也越来越强烈。在这样的背景下，政府急需探索出民族传统体育与群众体育相结合的契合点，以便为公众参与体育活动提供多样化的体育公共服务产品。

3. 需求主体日益增加

由于人民群众生活水平的提升、体育人口基数的增大、城乡之间界限的消失，公众对体育公共服务产品需求范围日趋扩大，具体表现在需求主体范围扩大与个体需求程度提升两个方面。

受众人群是体育公共服务产品的需求主体。所谓需求主体范围的扩大就是受众人群的增长。全民健身计划实施以来，公众能够通过各种形式参与民族传统体育活动，吸引了越来越多的体育爱好者，所以需求主体范围也在逐步扩大。伴随需求主体范围的扩大，需求因素也变得日趋多样化。由于不同主体之间需求存在差异，同一主体的需求程度也会伴随时间和环境的变化而有所调整。加之个体需求的表达受生活水平、文化程度、生活环境等因素影响，因此需要个性化的解决方案。

（二）民族传统体育公共服务产品供给应充分尊重多样化的需求

当下，我国存在民族传统体育公共服务产品供给机制缺失的隐忧。与此同时，供给主体过分强调“施舍者”的身份，欠缺真正的需求反馈。再加上政府对市民不同需求的关注程度不足，导致供求矛盾日趋加剧。上述问题最终导致严重的供求脱节。这体现在以下几个方面。

1. 提供的项目产品缺少群众基础

一些地方政府在前期开展调查与基层考察时不够全面，导致不能准确掌握公众需求，其提供的体育公共服务与产品难以满足当地体育爱好者的偏好和欣赏传统。由于缺少群众需求的基础，该地方体育公共服务项目无法拥有良好的市场前景。

2. 对公众需求结构的变化反应迟钝

在公众对参与性高、体验性强的民族传统体育项目需求迫切之际，依旧有许多的地方政府把工作重心与精力集中在对民族传统体育竞赛类产品的供给上，忽视了公众对体育产品的需求变化，无法准确判断公众的现实需求。基于此，需要政府更加关注群众性体育产品供给。

3. 社会公众需求表达机制未能有效建立

构建一个有效的机制来表达公众诉求并做到及时反馈，是当前乃至未来一段时间内我国实现体育公共服务产品供给与多样化需求有效衔接的关键举措之一。可惜的是，目前这一有效机制还未能建立。

所以，为了有效地提供民族传统体育公共服务与产品，政府需要认清当前我国公众需求日益多样化的现实，并且积极构建一个长期有效的需求表达与反馈机制。政府应当进行全面的调查研究，以便及时了解不同主体之间需求的差异，并尊重地理与文化差异带来的需求差异；必须实时追踪和反馈公众日益提升的需求层次，采用多样化、有针对性的措施，逐步提升质量（层次）的供应，以满足社会公众日益多元化的民族传统体育公共服务与产品需求，进而丰富广大民众的体育文化生活。

二、民族传统体育公共服务产品供给主体多元化

（一）民族传统体育公共服务产品供给主体多元化的动力因素

改革开放以来，我国社会经济发展水平逐步提升，人们的物质与精神生活已经发生了巨大变化。现代通信技术的广泛应用以及各种新兴媒体的出现，使人们能够接触到包括体育在内的各个领域的新事物和新理念。在这个过程中，公众的体育意识逐步提升，尤其是对民族传统体育的文化价值功能有了更深入的认识，从而引发了公众对民族传统体育公共服务产品多样化需求的逐步增加。伴随我国居民消费从生存型向发展型、享受型转

变，公众对民族传统体育公共服务需求呈现多层次、多样性、数量激增、质量提升等特征。所以，公众的需求日益多样化，产品供给也需要更加专业、更加多元，且具备针对性。由政府单独提供的基本体育公共服务已经无法满足公众的不同需求。因此，应当由不同供给主体提供多样化的民族传统体育公共产品及服务，以弥补由政府失灵而导致的供不应求和供需失衡现象。

（二）民族传统体育公共服务产品供给主体多元化的实现路径

1. 完善政府主导机制

为了充分发挥政府在民族传统体育公共服务产品供给中的主导作用，首先应当构建一套完善的主导机制，减少政府对微观供给活动的干预与管理。政府的主导作用应该集中于组织保障、政策制定、监督管理、服务协调和物资保障等方面。

（1）组织保障。

在我国民族传统体育公共服务产品的供给现状中，正常运转的组织保障显得举足轻重。例如，组织部门在开展运动员封闭训练时，政府应当充分发挥作用，确保训练活动顺利进行；在有关的大型比赛中，政府应当发挥组织部门的引导作用，如赛前宣传与人员培训、比赛过程中的安排，以及比赛后的控制等。国家（地区）政府部门应当牢牢把握自身职责定位，以国家体育总局为代表，充分发挥所在地的组织管理功能，并在民族传统体育公共服务产品的生产与供应两个环节中，既确保比赛产品顺利产出，又逐步提升产品质量。

（2）政策制定。

构建一个合格的民族传统体育公共服务供应系统，确保政府、市场与社会多元化主体积极参与，满足公众体育基本服务需求，将不同群体的超额和个性化需求纳入供应体系，形成金字塔式多层级多元需求体系。政府应当制定综合体育公共服务提供者的准入标准，逐步健全需求表达与宏观规划，加强投融资和服务的监督管理与激励机制，以创建健全的体育公共服务供给制度。

（3）监督管理。

政府在体育公共服务产品供给中扮演着十分重要的角色。政府通过改进监管机制以及制定相应的政策法规，可为产品的生产与供应创造良好的社会环境。我国体育公共服务领域监管体制还不完善，有关法律法规还不健全，需要构建完善的政府监督管理体系，确保政府、企业、社会组织在规章制度的约束下，展开公平、公开的竞争，最后提供高品质的体育公共服务产品，满足公众的需求。

（4）服务协调。

为实现体育公共服务产品供给的多方统筹，除了政府、企业、社会组织等外，个人也应当参与其中。政府应借助行政与社会资源发挥主导作用，形成共同推动的局面。例如，举办一些重大的公共体育赛事需要解决一系列问题，如交通管制、安全保卫与资金支持等。太难的问题，如安全保卫，需要政府力量的支持和合作，需要调配警力做好安保工作；同时，在举办国际比赛或者参加涉外体育活动时，政府的外事部门也需要协调与服务。在申请与执行某些重要国际比赛时，常常需要借助政府的名义，因为赛事组织者不具备这方面的权利。

（5）物资保障。

为了满足人们对体育公共服务产品的供给需求，政府需要提供场地设施及配套服务。政府通过扶持、组织、指导、监管等方式，推动体育公共设施的建设。在我国，政府一直扮演着主导角色，不但提供大部分体育公共服务设施，而且担负着建造这些设施的责任。伴随体育事业的快速发展，人们对体育公共服务设施的需求日趋多样化并且相关要求有所提升。政府应当承担主要责任，积极为公众提供符合其需求的民族传统体育场地，同时建造一些适合举办各类体育赛事的大中型场馆。大型体育比赛不但有助于创造经济利益，而且能够带来可观的社会效益。政府必须积极主导并协调，制订有关计划，组织建造配套设施（如水电、交通等），进而保障赛事的顺利开展。

2. 分类改革，逐步推进，率先将具备一定市场基础的民族传统体育公共服务产品市场化

为了充分利用市场的供给优势，政府应该实施放宽市场准入的改革，并鼓励那些市场基础比较好的体育服务产品优先进入市场，实现市场主导资源配置与决策。政府在体育公共产品方面的投资占财政支出的比例不高，其支出规模应与社会发展水平相适应，并且伴随经济的发展而逐步增加。随着全面深化改革的向前推进，体育领域必将迎来一场深刻的变革。当前我国尚未制定法律规定民族传统体育公共服务产品的种类与数量，所以，将民族传统体育公共服务产品引入市场竞争机制成为必然趋势。鉴于我国民族传统体育的发展现状以及国家、社会、公众对其的期望，提倡分类改革并逐步实施是比较适宜和稳妥的措施。在政府的主导下，可采取“购买”和“委托”相结合的形式来推进。可率先推出具备市场基础的体育公共服务产品，以充分发挥市场在资源配置中的关键作用。同时，政府需加强监管，逐步完善法规制度。为了促进体育薄弱地区的发展，政府可组织提供民族传统体育公共服务产品的市场，实施直接补贴、配套补贴和亏损补贴等多样化补贴政策，以推动社会资金关注公共利益。

3. 强化社会组织在民族传统体育公共服务产品供给中的作用

为了增强社会组织对提供民族传统体育公共服务产品的助推作用，需要解决体育社会组织本身的发展难题。党的十八大及十八届三中全会后，深化社会组织改革成为全面深化改革的关键部分之一，此举也得到了中央政策的支持，有力解决了长期困扰体育组织的体制问题。要想促进官办和半官办的体育社会组织的发展，可以采取政社分开的办法，逐渐将机构、人员、资产、财务等从体育行政部门中剥离出来，使其真正做到自我管理和独立发展，并探索一业多会的模式；对于众多基层自发性体育社会组织是否合法的问题，可以采用注册与备案双轨制来解决。这样能够满足社会化与专业化的要求，降低官方影响，推进体育事业的发展。符合登记条件的体育社会组织应当主动前往相应等级民政部门申办注册。对于不满足登

记条件但在基层比较活跃、对全民健身运动起到重要推动作用的基层体育社会组织，可采取基层体育及民政部门注册管理的办法进行管理。

4. 构建多元供给主体的协调合作机制

基于体育公共服务产品供给主体多元化的背景，政府、市场和社会形成了三种不同的供给运行机制，分别是政府强制供给机制、市场竞争供给机制与社会自愿供给机制。在多元供给机制下，政府强制供给机制是至关重要的，处于核心地位，对提供多元化的体育公共服务产品起着主导作用；市场竞争供给机制与之构成竞争合作关系；社会自愿供给机制与之构成相辅相成的合作关系。三种供给机制紧密合作，分工协调，形成了共同发挥作用的“伙伴关系”。另外，由于公众喜爱民族传统体育开展的自主供给，形成体育公共服务供给主体多元化的格局，使体育公共服务产品高效提供的目标得以实现。

5. 支持供给主体多元化发展，推行政府向社会力量购买体育公共服务产品

政府在供给体育公共服务产品中承担着关键的主导作用。政府可以基于不同种类体育公共服务供给具备的不同比较优势来确定其基本生产方式，以适应供给主体多元化的发展趋势。对体育产品纯粹公共服务的那部分，政府可以直接提供服务或者把部分环节交给市场与社会来完成。对于这类产品，应当是无偿提供或者提供价格极其低廉的公益性产品。针对体育产品准公共服务产品供给环节，政府可以采取政府购买、外包等方式来实现间接生产，也可以委托市场、社会组织来进行供给，进而达成生产目标。针对这类产品，可采用使用者付费的方式提供。为了彰显公共服务的公益性并避免对弱势群体的冲击，可以在实行收费的同时，借助补贴或者补助等方式来弥补相关人群的消费支出。从本质上看，政府对体育公共服务产品的供应责任在于确保服务产品能够令人满意地提供并生产出来，而不一定必须由自己来提供并生产。

在支持供给主体多元化发展方面，政府购买体育公共服务产品是首

选。政府从社会力量处购买体育公共服务产品时必须明晰产品的类型、性质、内容、市场化程度以及公众需求。政府在购买体育公共服务产品时，可采用多种方式，如委托、承包或者采购等。为了确保购买的产品质量，政府应当加强监督管理，构建严格评价机制，并设立反馈渠道和统计信息系统。政府还应当担负起引导与决策的职责，指引社会组织和市场企业参与承接工作，并对其进行监督，做好优胜劣汰的筛选。

第二节　文化视域下体育公共服务与民族传统体育互动发展的制度建设和体系建设

一、文化视域下体育公共服务与民族传统体育互动发展的制度建设

在我国民族传统体育公共服务领域，构建一个相对健全的制度体系是十分重要的。同时，我们迫切需要知道这样的制度体系可否确保民族传统体育公共服务的健康、规范与有序发展，进而让广大人民群众能够充分分享受由我们伟大的民族传统体育国度带来的多种福利。只有在特定的体制环境下，才能让一项行动或者活动实现其预期目标。所以，为了确保全体公民共同享有我们体育强国带来的体育公共福利，并推进民族传统体育公共服务的规范化、顺畅化和有序发展，首先必须构建一个完备的制度体系。

（一）体育公共服务与民族传统体育互动发展制度建设的重要性

1. 国家公共服务体系建设的政策指引

公共服务是指由政府、公共组织以及经过授权的机构提供的、具备共享性的公共产品与服务。我国政府在 2002 年的国务院工作报告中指出：应当积极地推进政府职能转变，把其工作重心转移到经济调节、市场监管、社会管理以及公共服务领域上来。这一重要指示表明，我国政府已经开始重视其在公共服务领域中的角色定位。伴随时间的推移，我国每年政府工

作报告均会提及公共服务。例如，构建服务型政府、完善覆盖全民的公共服务系统以及增强政府基本公共服务能力等。党的十七大报告更是提出了一系列要求：加快推进行政管理体制改革进程，构建服务型政府，健全政府职能与公共服务体系，推广电子政务，强化社会管理与公共服务。这是我们党首次在全国代表大会上明确提出把公共服务作为政府职能的核心。2012 年，党的十八大报告着重提出了增强行政体制改革，推进政府职能转变，创造良好的发展环境，提升公共服务质量，确保社会公平正义。2013 年 11 月，中国共产党十八届三中全会在北京胜利召开，这次大会通过了《中共中央关于全面深化改革若干重大问题的决定》，全面深化改革得以再次向前推进。这份文件是我国在应对新形势下深化改革的纲领性文件，强调了转变政府职能、加快行政体制改革、建设法治政府和服务型政府的重要性，以此来提升公共服务的质量和扩大覆盖面，在增强中央政府宏观调控能力和职责的同时，提升地方政府在公共服务、市场监管、社会管治、环境保护等方面的责任。由以上政策文件可以看到，中央和地方政府已经开始重视并逐步推进政府由治理型向服务型转型。

2. 体育事业发展转型改革的行业要求

按照中共中央、国务院《关于进一步加强和改进新时期体育工作的意见》的规定，体育应当以服务人民和现代化建设为宗旨，推进群众体育与竞技体育的协调发展和普及提升。尽管该意见中未明确提及体育公共服务，但“全民健身计划”的推进和多元化体育服务体系的建立都昭示了体育工作的发展内涵。我国于 2003 年 6 月颁布了《公共文化体育设施条例》，其中规定了体育公共设施的规划、建设、使用、服务和管理责任以及相应法律责任，为推广体育公共服务提供了法律保障。为适应国家行政改革的趋势，2005 年，国家体育总局局长刘鹏在全国体育局长会议上多次强调“体育公共服务”的意义。2006 年 7 月，国家体育总局发布了《体育事业“十一五”规划》。该规划计划增强体育行政部门宏观调控的职能，进一步明晰各类体育管理机构的性质与职能定位，提供公共服务，制定发展规划，完善制度规章，维护行业秩序。2010 年的《国务院办公厅加快发展体育产业的指导意见》中，提出了要始终加强体育的公共服务工作。2011 年 11 月发布的《体育事业“十二五”规划》，特别强调和反复重申了体育公共服务的重要性，包括“强化政府体育公共服务职能，加强领导组织”等。该规划也进一步指出，我们需要加强和完善体育制度建设，并及时制定相关法规、规章和行政文件，以推进体育公共服务的发展。这也预示着，我国中央政府将高度关注体育公共服务及其制度建设。可是，从当前的局势来看，在探索和制定体育公共服务制度方面依旧存在诸多问题需要解决。

3. 突破民族传统体育发展瓶颈的前提选择

从历史背景来看，我国民族传统体育的发展与西方国家有着十分显著的不同。我国民族传统体育采取了一种十分不同寻常的发展方式——赶超型发展战略。与西方相比，我国的体育发展模式存在时间上的矛盾。在短时间内，民族传统体育与社会经济、政治、文化等方面产生冲突，导致民族传统体育在转型和改革期间被纳入“举国体制”的市场经济中，部分运动项目呈现市场化、职业化趋势。1993 年 5 月，国家体育运动委员会发布了《关于推进体育改革的意见》及其他 5 个相关文件和 10 个系列工作，为我国体育体制的改革拉开了序幕。虽说国家对公共服务发展有政策支持和法制保障，也尝试改革民族传统体育发展模式，实践层面也涌现出了全民参与的民族传统体育运动赛事，如“武林风”等活动，不但金牌和世界冠军可以带来民族自豪感，传统的民族体育也能够提升我们的生活幸福感和满足感，但是，社会公众对此正面影响的认知不足，说明当前民族传统体育发展与公共服务之间缺乏有效的衔接和联动。

所以，我们迫切需要构建一个比“单个”市场或者“单个”国家更加全面和更加丰富的制度设计框架，这一制度设计将是民族传统体育公共服务整体运行体系的中间构件，上衔理论价值层面，下接具体选择层面，具有承上启下的作用。如此一来，民族传统体育公共服务的理论价值就能得到应有的实现。同时，它还可以为民族传统体育公共服务的实际运作和操作提供指导，进而为制定我国体育公共服务的运行秩序和实施规范打下坚实基础。

（二）体育公共服务与民族传统体育互动发展制度建设的可行性

1. 体育公共服务与民族传统体育互动发展制度建设的理论基础

（1）新公共行政学理论。

1887 年，美国学者伍德罗·威尔逊曾经强调行政应当与政治独立，不受政治干预的影响。在传统公共行政学的发展阶段（1887 年到 20 世纪 60 年代），由于经济环境异常发展和社会环境动荡不安，各种社会问题不断涌现，但政府组织机构并没有加以消解，进而引发了公共行政学的合法性危机。

在这样的情形下，公共行政学旨在回应并解决社会公共问题，致力于学科内在的变革和应对未来的挑战。1968 年，在美国锡拉丘兹大学明诺布鲁克会议中心举行了由公共行政学大师沃尔多倡导的明诺布鲁克会议，这次会议标志着新公共行政理论和学派的诞生。该会议每 20 年举办一次（第二次会议和第三次会议分别于 1988 年与 2008 年举行）。参与首次会议的主要是一批年轻的政治学学者，在探讨公共行政学的范畴，调查逻辑的适用性、相关性以及社会公平等问题上，他们表现出了一种理性且激进的态度。会议讨论中涉及了大量的反思和争辩，许多学者对公共行政学的发展历史进行了回顾和展望。会议成果由会议组织者弗兰克·马芮尼等整理并收录于《迈向新公共行政：明诺布鲁克观点》一书中。马芮尼总结了第一次明诺布鲁克会议的观点，包含支持积极参与公共行政、采用后实证主义、适应不稳定环境、建立新的组织模式、追求效益导向的公共行政。第二次会议于 1988 年举行，与第一次会议相比出席者增加了一倍，而且女性出席人数几乎翻倍。就议题来说，第二次会议不仅涉及公平、民主、人际关系、道德等范畴，还拓展至宪政、法律、政策、经济、信息技术等领域，并认可了行为主义。弗雷德里克森教授指出，第二次会议的论文与议题偏离不大，争议相对较少，但其影响力有所下降。[1]

---

[1] 宋敏．新公共行政学研究[D]．济南：山东大学，2010.

（2）新制度主义理论。

20 世纪 70 年代，新制度经济学应运而生。它的“新”在于采用边际分析法，对制度的起源、演化、性质、功能和经济效应等展开了深入探究，突出了“实际情况”的重要性，否定了只关注“无形之手”的传统经济学。由此，新经济制度学把制度作为研究的核心，并推崇制度选择存在成本。在这样的基础上，调查者研究不同的制度安排对经济主体行为产生的影响，这种影响体现在制度激励效应及经济绩效方面。在政治学研究中，新制度主义政治学逐渐兴起，代表人物包括美国学者詹姆斯·马奇和约翰·奥尔森。他们认为，制度是一组稳定的规则和组织惯例，这些规则和惯例嵌入不同的意义与手段结构中。这些意义和手段结构对个体更替保持稳定，同时，在应对个体特殊偏好、期待和不断变化的外部环境时也能灵活适应。

新制度主义理论的核心主张是把制度视为分析的基础和逻辑起点，因此对制度内涵展开深入挖掘和完善十分关键。早期的新制度主义研究者把制度解释为一系列规则、组织、规范等，限制利益主体的行动，为社会、组织和个人的相互影响提供了框架。上述定义着重展示关系和约束模式。但随着全球化的发展，社会日趋复杂多元化，人文社科交叉深入，制度内涵也逐步发生了演变，已经不再局限于规则、组织和规范等几个方面，而是拓展到了观念、资本和规制等多种表现形式。观念作为制度改革的催化剂，不但影响政策的发展和制度选择，而且是其决定性变量。当制度具备一定的约束力时，它体现为一种资本形态，进而降低主体行为的不确定性，缩减私人短期收益带来的损失，并彰显了一个紧密联系的群体或者共同体中成员的兴趣偏好以及基于良好信任的信用信仰。因此，社会群体的规范遵守就是使制度成为一种资本形式；而规制则是全球化背景下新兴的治理形式，是某社会共同体中对所有成员普遍约束力的规范。

（3）新公共服务理论。

新公共服务理论在 2000 年前后崛起，以美国著名公共行政学家登哈特夫妇为代表。该理论反思新公共管理理论的不足，是针对新公共管理理论中企业家政府理论缺陷的批判而构建起的一套新的公共行政理论。该理论的重点是把公民权理论、社区与公民社会理论、组织人本主义与新公共行政理论以及后现代主义理论的精髓融合、强化，进而构建了以公民为中心的公共行政治理体系下公共行政角色扮演的观念。该理念的核心原则包括：①以公民为中心，而不是把公民当作客户；②追求公共利益；③关注公民权利胜过企业家精神；④思考应当具有战略性，行动应当体现民主性；⑤承认责任并非易事；⑥以服务为导向，而非权力掌控；⑦注重人本主义，而不仅仅追求生产率。[①]

2. 民族传统体育公共服务制度建设的基本原则

（1）公民需求原则。

公共选择理论普遍认为，不论是“政治人”还是“经济人”，都会以理性和利益最大化为出发点追求个人利益。事实上，一些官员总是利用公共资源大肆建设所谓“形象工程”“政绩工程”，声称是为了“方便民众”，但其实与公众的真实需求存在极大偏差，导致不能为公众提供有效的公共服务。

基于公民权理论的新公共服务理论注重服务主体的定位，不同于商业服务，其主要关注公民权，倡导政府与公民之间的互动，重视民主机制和程序的建立。此外，该理论致力于推动公民参与和民生福祉，引导公共服务从政府供给向民众需求转变。[②] 因此，在建立我国民族传统体育公共服务制度体系时，政府应当始终以公民需求为指导，并深入开展民情调查。政府可以借助举办交流会、听证会等形式来听取公民意见并让他们积极参与其中。同时，还应当授予公民充分的监督权，以确保实施效果得到公民认可。这些以需求为导向的功利主义措施不是陈词滥调，而是理性认识公共服务的实际行动和现实动力。

① 丹哈特·R，丹哈特·J，刘俊生，等. 新公共服务：服务而非掌舵[J]. 中国行政管理，2002(10)：42－44.

② 陈国权，张岚. 从政府供给到公共需求：公共服务的导向问题研究[J]. 人民论坛，2010(2)：32－33.

（2）供需结合原则。

构建民族传统体育公共服务制度体系时，应当充分考虑公民需求，重视利用民族传统体育文化为社会提供公共服务，并确定政府合理的责任承担。由此可见，责任和能力有着密不可分的关系。我国当前民族传统体育能够提供多少公共服务以及能够提供什么样的服务内容，均应在其实际能力基础上进行评估。

2008 年以前，我国的法规政策以及国家体育总局的规章制度中并未明确提供公共服务的要求。伴随我国民族传统体育项目的日趋完善和繁荣发展，当前，国家体育管理机构正在借助实施一系列惠民政策来提升体育公共服务的水平。然而，对于我国民族传统体育来说，如何提供其他形式的公共服务以及输出何种类型的服务产品，必须展开科学论证和全面的需求调查。

（3）以人为本原则。

探究我国公共行政学有关理论，可知公共服务的核心是坚持以人为本，这同样也是服务型政府的理念要义，是推行公共服务活动的总原则，更是政府合法管理和公共行政的必然选择。

我国民族传统体育的实质是游戏与健身，被异化的民族传统体育过分谋取利益，将育人属性降到最低。借助“以人为本”的核心价值观，我们应当构建一个民族传统体育公共服务的均等化制度体系，以推动民族传统体育的健康发展。

当前，体育公共服务均等化与非均等化问题成为一个突出的难点。一方面，体现在基本公共服务均等化的制度不足，导致体育公共赛事和训练场馆的供给严重不足，生活设施也相应缺失；另一方面，有运动天赋的青少年在传统的三级训练网中被层层选拔，与公共教育渐渐疏远。所以，在体系结构的建立中，将人文地理与当代科学相融合，能够提升运动员的身体、心理和社会综合素质。同时，社会公众也能够分享民族传统体育服务的指导，更好地体验民族传统体育带来的安全感和快乐感。“分享运动”的理念，旨在让更多人能够在精神层面上分享运动员的快乐，增加他们参与民族传统体育的机会。而民族传统体育基本公共服务均等化是一项以人为本、以市场供求测算为依据的制度化措施，旨在推进民族传统体育基本公共服务均等化，逐步提升公民权利。为了强化公民的公平、法治和正义价值观，政府需要使社会各界普通成员能够均等地享有民族传统体育带来的成果，但这不可避免地需要做出取舍。

（三）体育公共服务与民族传统体育互动发展制度建设的措施

1. 基本制度建设

（1）组织与管理制度。

①组织机构设立。

制度建设的基础性工作是组织与管理。新制度主义相信，在当今的政治、经济和社会系统中，最重要的行动者是各种各样的组织机构，而非个人。在这些组织机构中构建规范其行为的制度体系，对今天的生活起着决定性作用。

新公共行政学倡导建立新型高效的管理组织，进而取代传统官僚体制的政府组织。这种新型组织需要具备分权化、分散化、对抗性、责任扩大、受益者参与等特征。在我国，能够担任公共服务角色的组织和个人包含国家机关、政党、行业协会、社会团体、非政府与非营利的社会化公益组织、基层自治组织，以及个人、法人和其他组织。可是，大多数体育社团及我国的体育行政机构都特别注重对国家队、专业队等精英竞技体育的培训，忽视了公众对民族传统体育活动的需求与公共服务。伴随我国国民经济的快速发展和人们对休闲活动的日趋关注，公众参与民族传统体育活动的需求日趋高涨，但体育公共服务供给相对落后，这是当前供求矛盾的客观存在。在国家大力推行简政放权的背景下，我国现有的体育组织和从业人员必须调整理念、改变目标、加强服务，力求在不增加机构和有关人员的情况下满足公众对民族传统体育公共服务的需求。

②管理思想的确立。

构建民族传统体育公共服务的管理制度，务必明确管理理念。在管理过程中，必须重视人的因素，包括管理者和被管理者。梅奥曾在霍桑实验中提出“社会人假设”理论，他指出人并非仅追求经济利益，除了物质生存需求，人还有社会和心理方面的需求。所以，社会组织应当满足社会成员的这两种愿望。[①] 同时，1943 年，马斯洛提出了“人类需求五层次”理论，包含生理、安全、社会、尊重和自我实现需求。[②] 1960 年，道格拉斯·麦格雷戈在《企业的人性面》一书中提出了“X 理论和 Y 理论”，用以解释人性假设与管理方式。其中，X 理论主张人们是“实利型人”，工作的唯一动机就是获得经济报酬，因此，增加经济报酬和惩罚是唯一合适的管理方式。然而，麦格雷戈批评了此观点，指出这种管理方式会导致员工的敌视与反抗。相反，他提出了 Y 理论，认为人是有自我实现的欲望和需求的。因此，体现尊重和信任的管理方式是更有效的激励方式，能够激发员工的积极性和创造力。根据 Y 理论，人是“自动人”，是一个有机系统，提倡通过扩大员工工作范围，为员工分配有意义和有挑战性的工作，在完成后能够引起员工的自豪感。据此，麦格雷戈指出，只有激发内在动力，实施自我管理和自我指导，才能在合适的环境下实现组织目标与个人需要的最佳融合状态。[③] 另外，还有一些学者分别从人类动机、目标、过程等多个方面提出了不同的理论成果。

总体而言，这些先前的管理理论成就揭示了它们从积极的人性角度出发，通过构建良好的组织结构，最大限度地开发人的潜力，进而达到高效管理的目标。事实上，这些管理理论反映了人本主义管理思想，这种管理思想注重个人内在动力的发挥，并关注个人价值的实现。此种管理思想强调在制定和推行管理章程时体现，所以承担民族传统体育公共服务的相关组织机构便要在其部门职责和管理章程中有所体现，并依此行事。

（2）生产与供给制度。

在构建了我国民族传统体育公共服务的组织与管理制度后，紧接着需

---

① 乔治·梅奥．霍桑实验：为什么物质激励不总是有效的[M]．上海：立信会计出版社，2017.

② 马斯洛．马斯洛人本哲学[M]．成明，译．北京：九州出版社，2003.

③ 道格拉斯·麦格雷戈．企业的人性面[M]．北京：中国人民大学出版社，2008.

要解决的问题就是如何进行服务的生产与供给，其中包括政府部门、行业协会和体育社会组织等作为生产主体承担的责任。民族传统体育公共服务的产品包括物质形态产品和非物质形态产品。物质形态产品如场馆、设施、体育用品等，非物质形态产品如竞赛活动的组织与开展、高水平的赛事表演等。推进政府向社会组织采购服务是一种创新的公共服务提供方式，它是推进体育公共服务产业的发展，引导有效需求的重要途径。在由社会组织或者个人等非政府主体提供生产服务的情况下，政府必须按规定程序进行筛选，确保提供的产品质量，做好对服务过程和效果的监督评估。

（3）职责与分工制度。

制度的价值在于实施，这也是彰显其权威的关键所在。而制度的实施需要对该制度运行依托的“职责与分工”进行规制。民族传统体育公共服务组织的使命决定其职责与分工，创建民族传统体育公共服务制度平台旨在让更多公民借助直接或者间接的方式参与民族传统体育，有利于个人身心和社会整体氛围朝着健康、和谐的方向发展。

在国家体育总局层面，为了能够更好地运作民族传统体育公共服务，需要多个部门相互联合，并构建民族传统体育公共服务司际联席会议制度。而在各省市县及乡镇区层面，则需要充分结合当地经济发展水平和群众基础等条件，积极配合上级部门组织的活动，同时努力创设更多的民族传统体育公共服务项目。为鼓励公众参与，在制定体育公共服务部门的年度预算和总结体育公共服务开展情况时，各级体育行政部门应当加大民族传统体育公共服务的投入力度。

总体来说，构建职责与分工制度是为了强化实际执行效果。为避免制度虚假无效，政府必须清晰其执行者身份，明确责任范围，并且要加强责任追究。

2. 配套制度建设

（1）公民参与制度。

公共行政学领域的公共价值管理理论涵盖了丰富的民主意义：回归民

主本质、拓展民主内容、平衡民主和效率之矛盾，并提升民主可操作性。本书试图借助该理论构建公民参与制度，进而推动民族传统体育公共服务的进一步发展。公共价值管理理论认为，公众的偏好是公共价值的核心要素，为了实现公共价值，需要尽可能地满足公众的需求。因此，推行“公民参与制定—公民参与活动—公民参与监督—公民参与评议”的参与制度可望使民族传统体育公共服务更加符合公众期望，有利于其朝着公众满意的良性局面发展。

构建公民参与制度并不是一件容易的事情，公共管理者将会面临一个扩大公民参与的巨大挑战。然而，将传统方法与新技术结合或许是个好选择：传统方法包括投票、听证、市民评判委员会等；新技术主要指的是借助互联网、手机终端等媒介拓宽公众表达需求的渠道，最终实现公民有效参与的目标。需要指出的是，构建公民参与制度并不意味着否定或者削弱公共管理部门尤其是政府的主体作用。事实上，公共价值管理理论主张，公共部门在与公众互动时应扩大公众参与，同时引导公众偏好的形成。然而，公众的认知往往伴随政治家或者成功人士对特定问题的关注及言论而逐步提升，当前国内对武术运动的关注以及公众对武术参与的增加正是对这一点的验证。

（2）差别多样制度。

构建差别多样制度既考虑了我国长期处在社会主义初级阶段的状态，也考虑到我国社会主义政治、经济、文化差异化的特点。中国作为一个经济、社会、文化发展不平衡的大国，民族传统体育公共服务制度的推行会受到社会语境的限制。也就是说，任何制度在这样一个大国范围内的有效推行都必须充分考虑其社会语境。

我国民族传统体育涵盖了当地群众喜欢的少数民族传统运动，例如，端午节龙舟赛，内蒙古那达慕大会的“男儿三项”——摔跤、马术、射箭等。这些运动项目独有的民族特色在其他国家乃至在我国其他地区均鲜见。基于民族传统体育项目继承和传播的原则，当地政府应当把这类独具特色的传统体育项目纳入公共服务的范围，利用制度化的形式使它们得以保护与传承。从发展旅游业的角度出发，这些民族传统体育竞赛能够起到有效吸引游客的作用，让游客和当地群众更加积极地参与其中，享受健康、快乐和绿色旅游的效果。这种效果反过来又会推进当地体育公共服务的投入，实现共同发展的目标。

（3）监督评价制度。

本书重点关注政府向社会组织购买民族传统体育公共服务的生产供给制度设计，与这一制度相对应的是监督评价制度。为确保政府购买公共服务不成为腐败的温床，政府应当加强监管与督导。所以，事前的监管和事中事后的督导评价机制十分必要。当前，在我国相关部门特别是地方政府探索政府购买公共服务的过程中，财政预算管理和监督评价机制不够完善，往往出现违规行为、垄断行为、非透明操作以及逆向选择等问题，导致部分公共服务项目回扣较高。这与政府购买公共服务的初衷——打破供给垄断、提升服务质量、减少非透明操作和腐败——是完全背离的。

基于这种情况，政府需要紧急构建一套监督评价管理流程。在民族传统体育公共服务中，服务的广泛性和流通性事关公众利益，单纯靠政府监管难以做到社会层面的全覆盖。为此，引入多元化主体不但能够获取全面且透明的服务反馈信息，而且能够构建我国民族传统体育公共服务活动的重要纠错评价体系。在政府监管部门主导下，运用新闻监督、广泛受众评价及第三方评议机构，努力消除不透明、不合理现象。监督评价主体可由政府、媒体、公共服务使用者、第三方中介机构等构成。考虑到我国民族传统体育公共服务的参与主体数量庞大且属性不同，推荐采用焊接式监督评价流程。这些主体可以比作焊接中的材料，尽管看似各异，但是实际上存在许多共性。在开展焊接式监督评价时，这些主体便成了原子和分子，能够帮助实现民族传统体育公共服务的价值目标与预期效果。这样做可以确保任何环节在遇到监督不力或者评价不公时，其他环节均能联合论证并协商决定最终结果，进而确保监督的公正性。有监督就会有评价，监督评价可分为质性评价和量性评价，均需确定特定评价指标。考虑到我国民族传统体育运动的形式、规则和参与人数等方面存在巨大差异，监督评价指标也因此而有所不同。评价指标的制定通常会考虑活动组织方性质、具体活动形式、实际情况和用户反馈等多方面因素。

二、文化视域下体育公共服务与民族传统体育互动发展的体系建设

（一）体育公共服务与民族传统体育互动发展体系建设的理论基础

1. 文化论

民族传统体育在我国承担着国家和民族荣誉的使命，也是满足全国人民体育精神文化需求的重要途径。民族传统体育既充满观赏性，又带动人们亲自参与，深入其中感受其魅力。另外，现今在学校体育的教学中已经推广了多个民族传统体育项目，学校已成为民族传统文化需求的主阵地。伴随社会不断进步，民族传统体育活动与人民密切相连，不但满足了人们的视觉需求，而且影响着人们的道德观。运动员的道德行为影响着人们的道德，民族传统体育本身弘扬的体育精神、体育原则、体育道德观念也间接地规范着人类行为；民族传统体育表演通过传播影响了人们的思想意识，激发了人们对健康美、体态美等的认同，提升了人类的情感文化。民族传统体育是社会文化的一部分，其公共性受制于社会文化归属，对体育公共服务公共性的发展有着不同程度的影响。

2. 功能论

民族传统体育在多个方面发挥着重要功能，涵盖了体育健身、文化教育、政治经济等多个领域。第一，民族传统体育运动不但具有强大的健身娱乐功能，而且展现了人类内在的潜能和纯粹的本真；第二，在比赛中，运动员代表着个人，也象征着与不同国家和地区的竞争及交流，所以民族传统体育能够促进政治及文化交流；第三，高水平的民族传统体育运动竞技活动的举办，不但完美展现了人们追求体育精神的热情，而且能在经济

方面创造巨大的收益；第四，民族传统体育在现代体育教学中扮演着重要角色，除了传授运动技能外，还继承了传统体育的精神文化，展示了其多样的社会功能。

（二）体育公共服务与民族传统体育互动发展体系建设的实践可能

1. 民族传统体育公共服务体系建构的必要性

（1）提升人们精神文化生活品质的需要。

我国正处于从“总体小康”向“全面小康”转型的阶段，经济和收入不断增长，必将推动人们生活水平和质量的提升，不仅物质生活方面得到提升，更重要的是精神文化生活方面也将得到提升。此外，中国早已开始实施医疗和养老制度改革，以降低居民的医疗费用。由此，消费者形成了“花钱买药不如花钱健身”的消费理念。另外，城市居民的时尚休闲消费热潮，也催生了健身养生市场的迅速发展。中华民族拥有的民族传统体育项目，作为独具特色的运动项目和珍贵文化遗产，蕴含着深厚的历史文化底蕴。在几千年的漫长历史中，我国人民通过这些传统的体育项目，不断增强自己的身体素质、培养情操、丰富生活并磨炼精神，同时也展现了国家的强盛之态。在历史长河中，民族传统体育项目吸收了众多中国古代哲学、道德伦理、中医学、美学和养生学等文化思想，创造出独具匠心的养生、健身方法，现已成为我国最普及的传统健身项目之一。[①] 因此，我们亟须构建方便、亲民、惠民的民族传统体育公共服务体系，以满足人民群众参与全民健身的需求，促进文化生活的多元化，提升人民生活质量，推进社会健康和谐发展。

（2）促进国民体质健康的需要。

最新的研究结果表明，我国国民的身体素质总体比2000年有所改善，但是依旧存在不少问题亟待解决：尽管幼儿身高有所增长，但是肥胖率日

---

① 白晋湘．从全能政府到有限政府：市场经济条件下政府体育职能转变的思考[J]．体育科学，2006，25(5)：7－11.

趋增大；肺活量、速度、爆发力、力量以及耐力素质等方面呈显著下降趋势；成年人的腰围、臀围、胸围持续增长，脂肪堆积日趋严重。[①] 尽管造成这种身体状况的原因有很多，但显然人们缺乏体育锻炼和养生意识是其中一个重要原因。为此，急需探讨怎样建立民族传统体育公共服务系统，以更好、更协调的方式推进民族传统体育活动的开展，提升人民群众的健康素质和生活品质，促进国民体质和健康水平的提升。

（3）建设小康社会的需要。

党的十六大报告曾重点强调，如今全球文化、经济和政治彼此交织，日趋冲突，文化在国家综合实力竞争中扮演重要角色。文化的强大力量深深熔铸在民族活力、创新潜能和凝聚力中。全党同志应当深刻认识到文化建设的战略地位，积极推进社会主义文化的蓬勃发展。[②] 创建民族传统体育公共服务体系能够彰显文化大繁荣，是社会主义精神文明建设的重要构成部分。中华民族传统体育和现代西方体育相比，不论类型还是内容，都蕴含着丰富的文化内核。根据马克思所言，在社会生存条件和占有形式不一致的情况下，存在一系列由各种表现独特的情感、幻想、思想方式和人生观构成的上层建筑。民族传统体育活动为人们带来了许多好处，如增强身体素质、促进采用科学生活方式、改善生活质量、建立文明友好和谐社会、增强国家凝聚力和民族凝聚力。民族传统体育活动将有利于人民群众在建设小康社会道路上始终保持昂扬向上、奋发有为的活力，也会为推动经济发展与社会进步提供支持。因此达到小康生活需要身体健康，俗话说“身体要健康，生活奔小康”。通过全民健身运动和建设小康体育，能够提升人民群众的身体素质和心理健康水平，进而确保社会的和谐稳定，这也是成功实现全面小康社会目标的根本要求。

（4）传统体育养生时代的来临。

在我国，职工每年享有 114 天的法定假期。城市居民的时间分配如下：

① 高尚全．完善公共服务体系加快服务型政府建设[J]．中国改革，2007(12)：11－20.

② 缪建东．生活体育：社区教育新视角[J]．体育与科学，2011，32(3)：103－106.

正规学习时间占全部时间的7%，工作时间仅占10%，而闲暇时间则占据了30%以上。[①] 随着时间的推移和社会生产力的逐步提升，人类从事的脑力劳动占比越来越大，体力劳动占比则逐渐缩小，人类正在从运动型体力劳动者向安静型脑力劳动者转型。当前，中国的生产生活方式正在飞速转型，城乡居民的物质生活水平迅速提升，人们的价值观念也在潜移默化地发生着深刻变化。这种变化在认同中国民族传统文化方面起到了积极作用，同时也加速了体育养生领域的进一步发展。伴随人们生产和生活方式的改变，城乡居民的物质生活水平和价值观也在发生深刻转变。如今，我们越来越重视优秀传统文化，并且对体育养生有了更高的期望，其未来的发展前景十分值得期待。中华民族传统文化的核心精髓反映在民族传统体育中，如中华武术、健身气功、民族民间体育、少数民族体育等，这些体育项目均有着众多的支持者、参与者。在推进全民健身事业中，它们的重要作用不容忽视。所以，构建民族传统体育公共服务机制，不但能增强人民的身体素质，而且能对推进社会主义精神文明建设起到积极的促进作用。这是一项现代化、长远化且具有可持续性的工程。

2. 民族传统体育公共服务体系建构的可行性

（1）政治及政策制度环境可行性。

我国《宪法》第二条规定：中华人民共和国的一切权力属于人民，人民依照法律规定，通过各种途径和形式，管理国家事务，管理经济和文化事业，管理社会事务。我国的基本社会制度为公民参与公共事务提供了可行路径，成为宪政秩序下公民参与民主价值的展示和公民民主权利的核心内容。尽管如此，政府在制度方面还需逐步改善。作为政府公共服务内容之一，全民健身事业得到政府大力支持，政府鼓励公民参与公共体育政策的制定和管理。

我国《体育事业发展“十二五”规划》明确规定，在国家体育事业发展的“十二五”期间，要以构建体育强国为目标，以转变体育发展方式为

---

① 韩中，郝赛行．居民工作日与休息日休闲娱乐时间对比研究[J]．经济论坛，2019(6)：7.

主线，以构建并且完善符合国情、广覆盖、合理水平、可持续发展的公共体育服务体系为重点。就民族传统体育来说，《国务院关于进一步繁荣发展少数民族文化事业的若干意见》指明了其重要性，并提出了民族传统体育是国家的任务目标，要长期支持并推动其发展。同时，国家也应当积极推进民族体育文化产业的多元化发展，并倡导文化事业与教育、体育、旅游、休闲等领域的协同发展。《体育法》《全民健身计划纲要》《全民健身计划（2010—2015）》《全民健身条例》，以及 2012 年国务院颁发的《通知》和刘鹏局长讲话等相关体育法规、文件均明确提出，要积极发展民族传统体育文化，并在民族地区广泛开展以民族传统体育项目为主的体育健身活动。我国具有民族多样性和地域差异性，民族传统体育文化也因之而格外丰富多彩。当然，也建议政府在实践中逐步健全公民参与民族传统体育的相关制度和法律法规，规范程序和规定，为公民提供一个畅通的利益表达途径。

（2）社会环境可行性。

全球文化是由全人类各族群文化融合交汇形成的。因此，各民族和个人均是人类物质与精神文化财富的创造者及享受者。换句话说，人类社会的每个群体和个体成员均有合法享受体育文化的权利。党和政府高度注重与关心各族人民体育事业的发展，致力于实现全国各民族人民共享体育文化的权利。我国《宪法》第二十一条规定：国家发展体育事业，举办大规模的群众性体育活动，提升国民身体素质。实现各民族之间的平等，为民族体育发展奠定了社会、法制和环境基础。近年来，许多省市及县市陆续兴建了多种向公众开放的文化体育设施，如文化馆和健身中心等。同时积极推广各种民族传统体育文化和健身活动，这些不但为地域体育事业和具备民族特色的民族传统体育的发展创造了良好的社会条件与环境，而且拓宽了人民体育文化的视野。

特别值得强调的是，我们党和政府创新性地举办了一项四年一次的全国民族传统体育运动会，以促进民族传统体育与现代体育的结合，缩小二者之间的差距。这是为适应中国民族传统体育的传承和发展而采取的重要措施之一，不但彰显了体育文化多样性的发展模式，而且是中国民族传统体育发展最有效的机制和形式之一。鉴于民族传统体育的文化特点及其多样性，运动会的项目设置已涵盖现代竞技运动中的民族体育竞赛项目，同时还包括各种具有民族风格和地域特色的体育表演项目。这种安排让各民族有机会登上舞台，展示中华民族的多彩传统体育文化，进一步促进了各族群众之间的交流与互动。此外，通过这种活动安排，各民族能够更好地传承自己优秀的体育文化。一些民族传统体育项目在不断发展和完善中已经跨越民族文化的地域限制，得到了人们更广泛的认可和参与。这些运动不仅深具民族特色，而且竞技规则更科学规范。它们是传统与现代、民族与全国融合的综合性体育竞赛活动，有效促进了我国民族传统体育的多元、多样、多层次发展。

（3）经济环境可行性。

为了助力我国少数民族传统体育事业的共同繁荣，党和政府对发展民族传统地区体育事业给予了充分支持，包含人力、物力、财力等方面的支持，为民族传统体育快速健康发展提供了经济保障。

当经济水平到达一定程度时，体育、文化、经济之间的相互依存、相互支持和相互促进的关系就变得愈加紧密、不可分割。伴随我国综合国力的日趋提升，国家积极出台有关政策，为体育事业的大发展提供良好的经济环境。国务院在2009年7月发布的《关于进一步繁荣少数民族文化事业的若干意见》中特别强调：推进少数民族文化产业多元化发展，引导文化产业和教育、体育、旅游及休闲产业协同发展。伴随民族传统体育文化公共产品和服务供给能力的逐步增强，体育公共服务网络覆盖面也在逐步扩大。政府有关部门正在加紧协调，制定鼓励社会力量构建体育公共服务设施的优惠政策，并积极引导、鼓励和支持民族传统体育活动的开展，进一步推进民族传统体育文化市场的深入和开放。

（4）相关工作基础环境可行性。

构建民族传统体育公共服务体系需要考虑其独特的地域特色和发展路径，而非简单地模仿其他体育运动的开展经验。当前我国各地区都面临着经济文化相对落后等问题，如何利用好地方资源优势，推动少数民族传统体育项目与现代社会相适应成为当下研究的重点内容之一。特别是在资源开发方面，需要按照当地的独特资源情况，因地制宜地开发具有当地特色、深受民众欢迎的民族传统体育健身产品和服务，以创造出具有地域特色的民族群众体育健身优势。此外，还需要重视对少数民族地区的宣传力度，增强群众参与意识。因此，国家体育总局在推动民族传统体育事业的发展中扮演着至关重要的角色。要努力制定系统的规章制度，加大规范化建设的力度；加强对网络和活动场地的管理，逐步夯实工作基础，以提升管理水平；加大对相关产业发展资金的投入力度，提升其经济附加值。通过对管理干部和社会体育指导员进行多层次的骨干培训，努力提升他们的综合素质；致力于展示和推广各种活动，积极推动健身环境的创新和发展；致力于促进与社会各界人士的互动和交流，积极营造共同治理和协作的氛围。同时，在各级政府领导下，积极开展相关组织建设，建立相应的管理机构和制度，形成良好的管理机制，使我国民族传统体育得到有效保护、传承与可持续发展。目前，全国范围内已成立专门机构或委派专人负责管理民族传统体育事务。在各级政府及有关部门的支持下，各地区都相继建立起相应的管理机构，并配备专职人员开展各项管理工作，取得了一定成效。为了推动民族传统体育的快速而稳健发展，各省市纷纷成立了管理中心，培养了一批管理干部、科研专家、教练员、裁判员等，以及国家级和一级社会体育指导员。这些举措不仅丰富了群众体育工作，也有力地促进了全民健身运动的展开，为构建民族传统体育公共服务体系的工作提供了更广泛和更深入的可能性。

（三）体育公共服务与民族传统体育互动发展体系的构建

1. 以“科学发展观”及构建“社会主义和谐社会”为统领思想，完善政策法规体系，夯实制度基础

科学发展观是我党按照时代要求、历史条件和人类文明成果，积极应对挑战提出的一项重大战略思想。在构建和谐社会的新历史使命下，首

先，我们需要以科学发展观、建设社会主义和谐社会为指导，全面健全民族传统体育公共服务体系，进一步完善政策法规，积极推动立法。为此，可以加速推进制定《体育公共事业发展条例》和《关于推进民族传统体育公共服务体系建设的指导意见》。其次，整合清理现有的民族传统体育方面的法规，进一步完善规范职责的法规，以确保政府提供体育公共服务，并确保体育公共服务设施的公益性。再次，建议将一些有益的体育公共服务体系建设经验和做法规范化，以促进民族传统体育的发展。最后，政府层级、市场机制、事业单位和社会组织在民族传统体育公共服务体系中的责任与权力分配也需要明确，以便实现管理的制度化。此外，有必要认真执行行政职责，进一步完善相应部门的联合执法机制。必须强调法律的权威和严格执法，加强规范管理，为民族传统体育服务体系的完善和运营提供稳健的制度保障。

2. 消除体制障碍，落实“全民健身工程”，以创新的姿态构建新型、和谐的管理组织体系

当前阶段，我国经济和社会高速发展，人们对健康的追求越来越强烈，参与“全民健身”的热情日趋高涨。民族传统体育在二级政府、三级管理、四级网络的城市管理体系下，要以国家体育总局、省体育局、地市级体育局和街道（乡镇）四级管理网络为主体，实现分级管理、层层抓落实的工作方式。同时，应当明确政府、市场、社会在提供民族传统体育公共服务中的角色与定位，完善公共服务市场和社会化的制度环境，构建职责明确的民族传统体育公共服务体系。另外，在政府与社会合作方面，应当借助竞争机制、价格机制、供求机制和约束机制，动员社会公共资源参与服务的供给过程，灵活采取授权、特许、合同外包、购买服务、志愿者服务、竞赛、展示、表扬等多种模式，提供民族传统体育公共服务。这样政府就能够以更少的资源和成本提供更多、更高质量的服务。其中，省体育局要扮演重要角色，省体育局有关主管部门要对省民族传统体育协会、站点等实行以宏观管理为主的管理方法，各地市职能部门要调动气功爱好者的积极性，为他们提供信息咨询、组织动员等服务，逐步架构起民族传

统体育组织管理体系。

3. 推进展示、交流、竞赛活动，壮大人才队伍体系建设

民族传统体育要不断地开展展示、交流比赛和竞技比赛等深化竞赛表演建设活动，这样才能够吸引更多的民众目光。深化竞赛表演路径建设，还可进一步加速活动的商业化和产业化。

一是可以利用自然景观和传统节庆日的优势，创新开发更多商业性民族传统体育竞技表演活动，从而为当地经济增长和旅游业发展注入新的活力。在自然景观区和传统庆典期间，可以开展多种单项或综合性竞赛，打造各具特色的区域、全国甚至国际赛事，提升民族传统体育的吸引力和影响力，吸引更多的观众和参与者。这样不仅有利于传承和弘扬民族传统文化，也能够促进不同民族之间的文化交流和融合。

二是我们应该加大对传统的民族运动会和农民运动会的组织力度，同时在比赛期间，将那些竞技性和观赏性较强的运动项目进行商业化运作，以提升民众的参与度和参与热情。对于商业化活动，可以在比赛期间举办各种促销活动，如现场抽奖、免费派发商品等，以吸引更多的民众参与运动会。此外，还可以邀请各种名人、明星参与比赛和商业活动，以提高比赛的知名度和影响力。这样一来，不但能够促进民众的健康生活方式的养成，而且能够为社会带来更多的经济效益。

三是在民族传统体育竞赛表演的路径建设和民众参与方面，我们可以通过一些中介机构来助推。这里的中介机构可以是民营资本投资体育、体育经纪公司、体育经纪人等，他们可以在赛事推广、人才包装以及引进外国人才方面发挥关键作用，充分发挥中介机构在人才流动和国际化发展方面的优势与才能，有利于推进民族传统体育项目的体系化建设。

4. 加强民族传统体育与体育、文化、教育、卫生等部门的沟通与共享，扩展壮大自身公共服务职能

由于民族传统体育具有多样的文化外在特征，分属体育、文化、教育、卫生、旅游、医疗等不同主管部门，致使有关政策的制定与实施很难

进行沟通协调，一定程度上造成资源的闲置与浪费。因此，在民族传统体育公共服务体系的构建中，应当树立大局观与统筹视野，这就要求民族传统体育赛事公共服务体系建设与人的发展相融合，与社会经济发展相融合，打破管理部门界限、行业壁垒和所在区域的全方位封锁，融合政治、历史、文化功能和经济功能于体育之中，进而做到整合公共文化服务资源，助推公共文化资源的共建共享。在宏观统筹上，可以以构建民族地区公共文化服务体系建设试验区为抓手和契机，发挥地方各级政府的主导作用，突破体制障碍，加大跨部门、跨领域、跨系统的民族传统体育文化项目的共建共享力度，加强基层民族传统体育资源的整合。

多部门助力运行的协作机制体现在以下两个方面：首先，激发各层级协会、工会、团体和社会各界对传统民族体育的热情，依托政府的统一规划，加强与区域内各级体育部门和相关部委以及组织的合作，确保群体健身活动的开展扎实有效；其次，加强与各有关部门和组织的协调及合作，建立共享民族传统体育资源的机制。举个例子，文化、教育和体育部门可以提供多样化的文化活动资源，还可以将体育和文化人才、活动场所、交流平台、器材以及相关技术设备作为共享资源。一旦建立这种机制，多方协作后可以将文化和教育部门的文化活动资源整合到民族体育健身资源中，文化部门可以将学校人力和其他资源投入到公共文化事业中，摆脱资源匮乏对各自事业的限制。同时，民族传统体育文化也可以作为教育部门的素质教育资源，实现将民族传统体育公共服务融入教育、体育、旅游、休闲、健康养生等领域的联动发展。

第三节　文化视域下高校体育公共服务与民族传统体育互动发展的新动向和发展对策

一、文化视域下高校体育公共服务与民族传统体育互动发展的新动向

（一）政府购买公共服务是高校民族传统体育社会公共服务的新型发展方向

政府购买公共服务是政府提供公共服务的一种新型方式，不但能够推进地方政府建设，增加社会福利供给，而且能够推进社会组织发展，拓展公共服务渠道等，具有十分积极的作用。近年来，政府购买公共服务已经成为各级地方政府大力提升社会公共服务水平的关键性手段，并在许多领域中得到广泛应用，取得了显著的成效。政府购买公共服务以低成本、高质量、适应需求为特征，提升了公共服务的质量和效率，使人民群众得到更好的服务。当前，高校民族传统体育的供需矛盾越发尖锐。尤其是在体育场馆设施建设、组织管理机构建立及健身指导等方面，与社会大众需求明显不匹配。因此，提升高校民族传统体育的公共服务效率和公平性至关重要，政府应该购买和推广民族传统体育公共产品与服务，实现政府在高校民族传统体育公共服务中的角色由“唯一提供者”向“购买者”或“竞争者”转变。

（二）与多种新型传媒的合作是高校民族传统体育社会公共服务的新型亮点

传媒对信息的迅速传播和信息公平有着至关重要的作用。在高校民族传统体育公共服务的发展过程中，传媒发挥着不可或缺的作用。高校需要更好地将民族传统体育与传媒相结合，以便为社会提供更广泛、更精准的公共服务。除了传统的平面媒体工具，高校还可以利用网络和电视等信息

媒体工具，为民族传统体育信息传播提供双向交互的机会。特别是微信等网络聊天工具的多功能化发展，无疑加强了这种交流方式。这些软件能够以汇集信息发布、网民留言、个性化选择，以及个人数据录入的方式，集成所有信息服务功能，使高校民族传统体育信息的传递更加具体、人性化和个性化。这些特征与公共服务“以人为本”的理念相符。在服务内容方面，强调了信息传播和服务对象的精准性。相比传统媒体，如电视、广播、报纸和通信等，新型媒体具备更强的传播力，能够消除社群之间的隔阂，推动现代高校的民族传统体育公共服务在社会传播中得到更大力度的宣传。因此，公共社会可从服务效力中直接受益。通过新型媒体和高校传统体育的结合，可以提供更多关于民族传统体育的新思路和方式，用以提升服务对象的精准度，使公共服务领域更加清晰，服务专业性更高，进而达到将“小众化”引入大众服务的效果。

（三）引入公平机制是构建合理高效的高校民族传统体育社会公共服务的根本保障

公平是高校民族传统体育社会公共服务顺利开展的先决条件。重申公民享有的公平权利是体育公共服务的根本宗旨。高校民族传统体育作为体育公共服务的关键一环，重申公民享有公平权利的主旨，能够培养其公平意识与竞争意识。现阶段，我国社会建设中的均衡化问题异常凸显，高校民族传统体育价值观应当始终倡导公平与竞争，并以此为着力点，助推其持续性发展。这与我国当前倡导的普遍价值观相吻合。但是，我国社会公共服务体系在地域、城乡、人群等方面依旧存在二元分化的现象。所以，如何缓解公共服务的不均等性是未来我国高校民族传统体育必须面对的关键难题。为了解决这一难题，高校可以借鉴社会公共服务模式，构建一个以保障性公共服务为主、发展性公共服务为辅的民族传统体育公共服务机制，并吸引除政府之外的其他社会力量参与进来，以此达到解决上述问题的目的。只有这样，政府才能缓解压力，高校民族传统体育社会公共服务的途径才能得以拓展，借助有偿方式来解决部分地区高校民族传统体育公共服务不均衡问题。另外，还可以考虑构建城乡统一的高校民族传统体育公共服务制度与公共服务绩效评价体系，以吸引更多区域性、社会性体育组织的参与。通过多方的共同努力，构建覆盖城乡的高校民族传统体育公共服务体制。

在未来相当长一段时间里，不论是高校民族传统体育自身的发展，还是社会公共服务的发展，高校民族传统体育社会服务功能的健全与否将成为衡量国家公共服务能力的一项关键指标，也是高校民族传统体育能否持续快速发展的先决条件，更是构建社会主义和谐社会的有效构成部分。伴随我国社会主义市场经济的快速增长，人们对物质文化和精神文化的需求日趋高涨。高校民族传统体育作为重要的娱乐方式，不但能够为人们提供休闲娱乐，而且成为社会生存和发展的重要构成部分。高校民族传统体育在现实社会中是一种缓解冲突和悲观情绪的社会公共服务手段。在全球化竞争压力倍增的前提下，它也是我们用体育奋勇不息的方式向世界呈现中国梦的一面旗帜。高校民族传统体育的公共服务能力，犹如未来的种子，在其蓬勃发展并趋向高峰时，其蕴含的正能量必定会得到充分释放，进而最终推进我国高校民族传统体育和社会公共服务事业的全面发展与整体提升。

二、文化视域下高校体育公共服务与民族传统体育互动发展的策略

（一）依托高校平台，建立多元体育公共服务机制

高校担负着向社会输送人才、培养人才的重要职责。高校的教师不但要执教于课堂，而且要肩负起教书育人的重任。所以，高校在提供体育公共服务时，应当在确保学校教学正常运转的前提下，合理规划课余时间、周末及节假日，向社会公众提供体育公共服务，为学校周边群众提供优良的运动场地与器材设施。

首先，在现代社会背景下，高校、社区等公益组织参与体育公共服务成为社会需求，为政府工作提供了有力支撑和补充。这种模式能够促成多元化的体育公共服务，涵盖高校、政府、社会公益团体等渠道，为广大群

众带来更加多样化的体育公共服务模式。这种模式能够缓解政府的沉重负担和压力，让高校承担起一部分体育公共服务的责任。所以，政府应当积极提供支持和帮助，以创造良好的政策环境，鼓励高校更加积极地参与到体育公共服务工作中来。

其次，高校应与政府部门相互协作，配合构建一个和谐优良的合作模式，并且应当明确各自的职责与责任，确保高校能够充分发挥其在体育公共服务中的作用与功能。

（二）优化管理制度，保障高校参与体育公共服务的质量

高校参与体育公共服务是政府职能的补充，必须确保体育公共服务的质量和水平，致力于为社会提供高品质的服务项目，尤其要侧重公共服务的便捷性与公益性。

首先，我国一般的高等学府均具有专业的体育教育工作者和充足的体育器材设备，能够满足本校学生的体育需求，也有为校外人士提供体育公共服务的条件和余地。

其次，当前我国在体育公共服务方面，尤其要注重公平原则，也就是在特定区域范围内的人民群众，不论其社会地位的高低，都有平等享有体育公共资源和服务的权利。另外，按照《中华人民共和国高等教育法》的规定，高校不得以营利为目的从事商业活动。从当前高校现实情况可以解读为，我国绝大多数高校是由国家投入资金办学，所以高校是隶属国家的公益性单位，故而高校在参与体育公共服务的过程中也理当秉承公益性原则。值得注意的是，我们在这里提及的公益性并非完全免费。以高校的运动场地为例，其室外场地可划定部分时间段免费供应公共服务，但对于部分室内场馆，应当依据一定的现实情况收取适当费用。高校的一些常规性质的休闲健身指导应当是免费提供的，而对于比较专业的技能辅导可以适当收取一些费用。科学合理的费用收取能够确保高校体育场地设施的维修与保护，进而确保高校体育公共服务的长期、可持续发展，能够持续不断地为公众提供更高质量的公共服务项目。同时，高校应当协调好教学与体育公共服务的关系，处理好校内外人员之间的关系。这些因素是高校参与

体育公共服务的制约要素，也是确保高校提供的公共服务质量的关键环节。为此，高校需要设立一个专门的机构来管理对外开放事宜，同时与校内办学情况相结合，完善体育公共服务管理措施和管理体制，进而确立一种科学、合理的管理模式，实现高效利用高校体育资源，推动体育公共服务的发展。

（三）因地制宜，开创拥有校园特色的体育公共服务项目

社会群众对体育公共服务活动的需求存在差异，这种差异涵盖了体育技术辅导、体育信息获取和体育活动组织及管理等多个方面。从现实情况来看，大多数高校参与体育公共服务仅限于提供校园场地设施和体育器材。然而，不充足的体育公共资源只是导致社会体育公共服务不完善的一个方面，由于人力资源缺乏，高校存在对大众提供的专业指导不达标等诸多困境。所以，高校需结合当地需求和本校现实情况，制订适应多方需求的体育公共服务计划。这项计划不但应确保高校服务内容的丰富多样，而且要具备高校自身特色。计划内容应当满足体育公共服务的多元发展，如提供健康指导、健身服务和信息传播服务等。真正做到因地制宜，展示出本校的体育资源优势，开辟拥有校园特色的体育公共服务项目，充分满足不同社会群体对体育运动的需求，进而确保高校提供体育公共服务的质量和服务水平。

（四）突出普通高等学校体育公共服务的广泛性与效率性

结合现实情况可以看出，尽管高校在体育资源方面具有巨大的优势，但是在实践过程中，有非常多的高校并没有充分利用自身充足的体育资源，导致这部分高校无法在体育公共服务中发挥最大的作用与价值，也就无法满足社会群众的体育需求。所以，高校在参与体育公共服务时，需要提升自身对体育资源的利用效率。言下之意，高校应当合理规划，提供运动场地、基础设施、社区体育指导及体育技能培训等多项服务，以满足社会群众的多样化需求。另外，高校还应当全面协助体育管理、后勤保障及校园安保等各部门，以确保提供的体育公共服务能够正常运行。高校可以

依据自身实际情况制定适宜的管理模式，确保体育公共服务质量和水平，提升校园体育资源的利用效率。高校体育公共服务应关注服务对象，并保证服务群体的广泛性和校园安全。针对校园内外的不同群体，高校应当优先考虑师生的体育活动，另外，校园外群体的年龄层次、运动需求也是各有差异的，其中，青少年群体的运动需求、中年群体的健身需求乃至老年群体的休闲保健需求等都应当纳入高校的考虑范畴。因此，高校应当尽可能提供多种类型的体育公共服务，其服务范围也要尽量做到广泛和深入，以此来充分施展其在体育公共服务方面的价值与作用。

（五）提供公共场地设备，完善校园体育设施

现阶段，在国家政策的指引下，高校大量的体育场馆、器材等硬件设施正逐步向外开放，为当地社区居民提供服务，从而有效实现了体育资源的共享，使高校体育资源的价值最大化。同时，高校还应当积极组织各种体育活动与运动赛事，为社会提供运动场地和运动设施。需要特别指出的是，在推行校园体育资源向外开放的进程中，高校必须以保证学生体育教学质量为前提，确保学校内部体育活动正常运行。在此基础上，还要合理规划对外开放的时间和开放范围等，以进一步推进我国体育公共服务事业的发展。

（六）对外提供专业的体育指导员

除了具备充足的体育硬件设施资源外，高校还聚集了大量优秀的体育教师。这些教师不但有丰富的教学经验，而且有出色的专业素养和技能水平。他们的加入为体育公共服务提供了重要条件。高校应积极动员体育专业人才为社会公众提供服务，教授体育技能、技巧与理论，构建系统、全面的教学体系，以协助社会公众更科学地参与体育锻炼，由于普通大众在体育方面的素养相对较低，缺乏对专业体育知识的了解，高校体育专业人才可以结合社会群众的身体素质水平，向他们传授专业知识和科学的健身技能，以推进社会大众科学参与健身与运动，提升公众体育运动的质量和效果。

（七）为社会群众提供有价值的体育信息

高校体育教育工作者由于长期工作在体育教学第一线，能够最快了解体育行业的最新发展动向，掌握最先进的体育资讯和信息，所以能够为社会群众提供最新的体育动态和信息。高校可通过开展知识讲座和文化交流等方式，吸引社会群众参与，增加其对体育知识和信息的了解，进而更全面地了解和参与体育活动，提升体育公共服务的效果。

参考文献

［1］部义峰．我国公共体育服务表达与供给联动机制研究：以社会分层为视角［M］．长春：吉林大学出版社，2020.

［2］蔡晓菲．我国体育公共服务供给制度及实践路径选择探讨［J］．山东农业工程学院学报，2019，36（2）：76－77.

［3］陈宏．我国高校民族传统体育训练基地文化传承研究［M］．北京：北京体育大学出版社，2021.

［4］陈丽．论“互联网＋”休闲体育公共服务平台构建［J］．大庆社会科学，2022（3）：108－111.

［5］陈世香，宋广强，郭璐．少数民族传统体育公共服务满意度研究：以黔东南苗族侗族自治州为例［J］．原生态民族文化学刊，2022，14（2）：133－145，156.

［6］迟青瑞．全民健身背景下宁夏民族传统体育开展现状及发展路径研究［D］．银川：宁夏大学，2020.

［7］邓彪．新时代民族传统体育文化焦虑研究［D］．武汉：武汉体育学院，2021.

［8］段洪华，谭勇，田祖国．武术与民族传统体育教程［M］．长沙：湖南大学出版社有限责任公司，2022.

［9］樊炳有，李井平．公共体育服务供给的江苏模式研究［M］．苏州：苏州大学出版社，2022.

［10］方圆．民族传统体育文化的特征研究［D］．呼和浩特：内蒙古师范

大学,2010.

[11]冯士博. 论民族传统体育课程对高校体育文化建设的影响[D]. 重庆:西南大学,2008.

[12]冯艳,梁华伟,张森. 高校体育公共服务体系建设研究[J]. 体育科技,2018,39(4):115－116.

[13]高奎亭,殷志栋,温志伟. 高校承接政府购买体育公共服务的制度保障[J]. 体育研究与教育,2017,32(5):45－48.

[14]高杨. 我国公共体育服务制度供给研究[D]. 天津:天津体育学院,2014.

[15]何涛. 新时代民族传统体育文化的精神价值在学校教育中的融合研究[D]. 兰州:西北师范大学,2019.

[16]贺小花. 中国民族传统体育文化资源与产业发展研究:以广西民族体育文化为例[M]. 青岛:中国海洋大学出版社,2021.

[17]胡靖平. 高校体育公共服务研究现状与未来发展[J]. 安徽体育科技,2015,36(4):88－91.

[18]胡伟. 论我国政府购买公共体育服务制度的完善[J]. 体育与科学,2016,37(1):30－39.

[19]胡潆月. 公共体育服务体系科学化构建研究[M]. 北京:中国纺织出版社,2021.

[20]雷学会,李卓嘉,王岗. 民族传统体育与公共文化服务互动研究[J]. 首都体育学院学报,2018,30(1):34－37.

[21]李康. 体育强国视域下高校体育公共服务的困境与破局研究[J]. 当代体育科技,2022,12(4):182－184.

[22]李鹏飞,董玉霞. 浅谈我国高校体育公共服务体系[J]. 文体用品与科技,2018(8):73－74.

[23]李燕领,柳畅,牛瑞新. 公共体育服务合同外包中政府责任及其实现机制[M]. 苏州:苏州大学出版社,2021.

[24]李燕领,邱鹏,张新奥. 我国公共体育服务财政投入研究[M]. 上

海:上海交通大学出版社,2022.

[25]刘昌亚．长三角体育公共服务一体化战略目标及推进策略研究[M]．苏州:苏州大学出版社,2021.

[26]刘涛．我国公共体育服务有效供给研究[M]．长春:吉林大学出版社,2020.

[27]秦钢．我国民族传统体育文化资源与产业发展研究[D]．武汉:武汉理工大学,2012.

[28]孙锋．公共体育服务体系构建与运行研究[M]．长春:吉林人民出版社,2021.

[29]汤叶舟,董亚琦,周琼,等．大数据时代体育公共服务优化路径研究[J]．辽宁体育科技,2022,44(3):43－46,81.

[30]王鹤．基于利益博弈视角的政府购买公共体育服务研究[M]．武汉:湖北人民出版社,2020.

[31]王家宏,刘广飞,李燕领,等．我国公共体育服务标准体系研究[M]．北京:高等教育出版社,2020.

[32]王珊珊．新时代下我国民族传统体育文化底蕴传承及发展研究[M]．沈阳:辽宁大学出版社,2021.

[33]吴律喜,陈海鹏．体教融合背景下政府购买体育公共服务进校园的问题审视和优化策略[J]．体育学刊,2022,29(4):119－125.

[34]武迪,田松．论民族传统体育公共服务体系的建构[J]．中华武术(研究),2014,3(6):25－31,9.

[35]杨利珍．公共体育服务体系构建探索[M]．长春:吉林科学技术出版社,2020.

[36]于宇杰．“健康中国”背景下武汉市城乡居民体育公共服务需求分析[D]．武汉:武汉体育学院,2022.

[37]余轲．武汉市体育公共服务体系研究[D]．武汉:湖北大学,2020.

[38]张丽．我国民族传统体育文化的传播与发展研究[M]．长春:吉林出版集团股份有限公司,2022.

[39]张荣华．新时代公共体育服务高质量供给研究[M]．合肥:合肥工业大学出版社,2022.

[40]张绍俊．民族传统体育的科学化训练研究[M]．长春:吉林大学出版社,2022.

[41]张永保．我国高校体育公共服务必要性研究[J]．四川体育科学,2016,35(3):137－141.